きょうだいの育て方
日本流・カナダ流
文化心理学で読み解く親業

エイムズ 唯子

同時代社

目　次

はじめに……………………………………………………………………7

第1章　「きょうだいを育てる」ということ

第1節　カナダでホームステイ―3人の子どもとネコ……………14
第2節　ブシェルさん一家の日常……………………………………16
第3節　「インターディシプリナリー（学際的）って？」…………18
第4節　アンソロポロジー（人類学）に恋して……………………21
第5節　文化心理学と出会う…………………………………………23
第6節　ふたつの意図的世界…………………………………………26
第7節　グラウンデッド・セオリー・アプローチに挑む…………29
第8節　ペアレンティング（親業）の世界へようこそ……………33

第2章　親によるきょうだいの社会化―日本の場合

第1節　「一緒」………………………………………………………40
　①「一緒」の意味―きょうだいは1つ…………………………40
　　　　a　身体的な一緒……………………………………………41
　　　　b　情緒的な一緒……………………………………………43
　②「一緒」を社会化する…………………………………………45
　　　　a　寄り添うことを習慣にする……………………………45
　　　　b　悲しいときに傍にいる…………………………………48
　　　　c　外で守りあう……………………………………………49
　　　　d　親だって弱いと教える…………………………………50
第2節　「同じ」………………………………………………………54
　①「同じ」の意味―きょうだいは似て非なる存在……………54
　②「同じ」を社会化する…………………………………………58
　　　　a　きょうだいゲンカは自己表現のうち…………………58
　　　　b　自分とは家族のなかの一部分…………………………60
　　　　c　叱るときは同じルールで………………………………64

第3節　「譲る」……………………………………………………………68
　①「譲る」の意味──権利の主張はほどほどに……………………69
　②「譲る」を社会化する……………………………………………73
　　　a「譲って同じ」に……………………………………………74
　　　b「譲って一緒」に……………………………………………75
第4節　「我慢する」…………………………………………………79
　①「我慢する」の意味──欲望を自制する………………………80
　②「我慢する」を社会化する………………………………………82
　　　a　わがままは「一緒」の敵…………………………………83
　　　b　きょうだいのわがままには寛容に………………………85
　　　c　我慢とわがままの関係を知る……………………………87
　　　d　我慢をさせすぎないこと…………………………………90

第3章　親によるきょうだいの社会化──カナダの場合

第1節　私が出会ったカナダ人のこと………………………………96
第2節　カナダの親によるきょうだいの社会化……………………101
第3節　「ヒア（Here）」と「ゼア（There）」：こことむこう………103
　①「ヒア」と「ゼア」──巣立ちの予感と子離れの覚悟………103
　②「ヒア」と「ゼア」をカーリング競技の比喩から考える……104
　③「ヒア」と「ゼア」を社会化する………………………………106
　　　a「ヒア」：親の力が及ぶ時空間……………………………107
　　　b「ゼア」：親の力が及ばない時空間………………………109
第4節　「ホーム（Home）」：安全で居心地のよい生活空間………113
　①「ホーム」の意味──きょうだい関係の基礎となる理想的な空間…113
　②「ホーム」を社会化する…………………………………………116
　　　a　快適さと安全を確保すること……………………………116
　　　b　共感はほどほどに…………………………………………120
　　　c　大切なのは公平であること………………………………123
第5節　「ボンド（Bond）」：血縁………………………………………128

①「ボンド」の意味─関係を長く維持するつながり………………128
②「ボンド」を社会化する………………………………………………129
　　a「親戚関係」という「ボンド」……………………………………129
　　b「共通点」という「ボンド」………………………………………132
第6節　「テイキング・リスポンシビリティ（Taking responsibility）」：
　　　　責任を引き受ける………………………………………………134
①「テイキング・リスポンシビリティ」の意味─弟妹の面倒をみること
　　………………………………………………………………………………135
②「テイキング・リスポンシビリティ」を社会化する─兄らしく・姉らしく
　　………………………………………………………………………………138
第7節　「ディーリング・ウィズ・プロブレムズ（Dealing with problems）」：やっかいな問題を解決する………………140
①「ディーリング・ウィズ・プロブレムズ」の意味─対人スキルの習得
　　………………………………………………………………………………140
②「ディーリング・ウィズ・プロブレムズ」を社会化する………145
　　a　否定的な感情をコントロールする……………………………145
　　b　ややこしい状況を切り抜ける…………………………………147

第4章　まとめ─日本とカナダの「きょうだいの育て方（社会化）」を比較する

第1節　安全で快適な環境づくり─「一緒」と「ホーム」………152
第2節　公平で平等な社会を目指して─「同じ」と「ホーム」……156
第3節　なぜ血縁関係は大切なのか─「一緒／同じ」と「ボンド」…161
第4節　ところ変われば品変わる〜紛争解決スキルのいろいろ─「譲る／我慢する」と「ディーリング・ウィズ・プロブレムズ／ヒア」…………………………………………………………………164
第5節　年下の面倒をみるちから─「一緒／我慢する」と「ホーム／テイキング・リスポンシビリティ／ディーリング・ウィズ・

プロブレムズ」	169
おわりに	176
あとがき	179
参考文献（引用・参照順）	183
索　引	187

はじめに

　「僕も、抱っこ！」。だが匂は夕霧がほかの子供を抱き上げるのをとめようとする。「駄目、駄目、これは僕の夕霧伯父さん。お兄ちゃんのじゃあない。僕だけのものにしておくんだ」。

　いきなり『源氏物語』の引用から始まってびっくりされたでしょうか。「僕も！」と抱っこをせがんでいるのは、光源氏の孫の二の宮です。年齢は正確にはわからないのですが、6歳前後でしょうか。二の宮くんは、3歳になる弟の匂宮と、「夕霧おじさん」（源氏と葵の上の間に生まれた子）をめぐってケンカしています。さかのぼること千年、紫式部の時代も、幼いきょうだいは今とさして変わらない姿を見せていたようです。では、周囲の大人たちの反応はどうだったのでしょうか。続きを読んでみましょう。

　「お行儀よくしなさい、お前たち」と近くに立っていた源氏が叫ぶ。「夕霧はお前たちどちらのものでもないぞ。実は天皇の家来で、もし陛下が、お前たちのどちらかが近衛大将を盗んだと聞いたら、とても腹をたてるかもしれない。お前はだな、匂、小さな悪戯小僧だ。いつもお兄ちゃんに勝とうとしている！」。

　あまたの女性たちの心をとりこにしてきた光源氏も40代後半となり、いまや夕霧や薫の父、二の宮や匂宮にとってはおじいちゃんです。この小さなきょうだいは源氏の娘（明石の姫君）が天皇と結婚して産んだ子どもたちです。源氏はきっと宮中で話題の育メン（イクメン）だったことでしょう。もうひとりの大人としてこの場面に居合わせた夕霧は何と言ったのでしょうか。

　「二の宮は」と夕霧、「もうすでに年上らしく、我慢して自分の権利を

はじめに

主張するのを差し控えはじめています。これくらいの年ごろの子供で、こんなに利己心がないのは驚くべきことです」。

可愛がっている匂宮のとりなしをすることもできたかもしれませんが、そこは賢い夕霧のこと、父・源氏の方針に逆らわず、二の宮の成長ぶりをほめています。きょうだいの母親である明石の姫君は、夕霧からすれば異母妹ですから、子どもたちは甥にあたります。しかし明石の姫君は天皇の妻ですから、自分とは身分が違います。そんなことへの遠慮もあったのでしょうか。続きをもう少し引用しましょう。

源氏はこれほど可愛らしい三人の子供はこれまで見たことがないと思い、こんな大騒ぎを繰り広げているにもかかわらず、全員にだらしないほど甘い微笑を投げかけた。しかしとうとうこう言う。「だがここは訪問者を迎える場所ではない。どこかもっと快適に話のできるところに行こう」。こう言いながら自分の部屋に向かった。だが二人は逃げ出すのにたいへんな苦労をした。というのは、三人の小さな貴公子たちがしっかりとしがみついて離そうとしなかったからだ。(巻三十七横笛より)
(『ウェイリー版源氏物語3』、平凡社ライブラリー 2009年)

3人目の小さな貴公子というのは、源氏が息子として引き取り育てている薫のことで、匂宮よりいくつか小さかったようです。薫は、女三の宮と源氏の子どもだと思われていますが、実は女三の宮と柏木の一夜の交わりの末に産まれたという出生の秘密があります。女三の宮は前天皇の娘ですから、生まれは高貴ですが、世間にはばかるようななりゆきで産まれた薫を天皇の直系の息子たちとこのように親しくさせてよいものか、源氏は大いに危ぶんでいます。しかしそのいっぽうで、子どもたちの可愛さにメロメロになってしまっているようです。

＊ ＊ ＊ ＊ ＊ ＊ ＊ ＊ ＊

この本の主人公は、平安時代の貴族一家ではなく、平成の世で子どもを育てる親たちです。けれど、少なくともこの場面での源氏や夕霧の言動と、私が聞きとった日本の親たちの言葉は、思いがけないほどよく似ています。
　平成の日本人の親たちにインタビューし、きょうだいの育て方（社会化）のテーマとして抽出された「一緒」は、家族が身体的かつ心理的な近さによって結びつくという考え方ですが、宮中の廊下で源氏と夕霧が幼い子どもたちにまとわりつかれ、肝心の大人の話が始められずにいる様は、まさに「一緒」です。また、源氏は二の宮と匂宮に対して、「夕霧おじさんは天皇の家来であって、どちらのものでもない」という理由でケンカの仲裁をしていますが、これはきょうだいの社会化でいう「同じ」のテーマです。さらに夕霧は、二の宮が「我慢」し、年上らしく「譲る」ことができることを高く評価していますし、源氏は匂宮のイタズラ小僧ぶり、つまり「わがまま」をいさめています。
　この本のもういっぽうの主人公であるカナダの親たちは、源氏のきょうだいの育て方をどう見るのでしょうか。まずは、ひとりの男が複数の女性たちを妻や愛人としてはべらせる、という平安時代の貴族社会のしきたりに対して、理解あるいは共感できないという声が聞こえそうです。なにしろ、キリスト教の価値観では、男性が妻以外の女性と性的な関係を持つことは姦淫という大罪です。もし源氏が、薫を匂宮らと近づけすぎないようにすることが正しいとわかっていながら、可愛さにほだされて毅然とした態度をとれずにいるとするならば、「Well, I guess I can understand that, but he just has to deal with it」というかもしれません。「まあわかるような気はするけど、親としての責任を果たすべきだろーね」といった反応でしょうか。ディーリング・ウィズ・プロブレムズ（dealing with problems）」は、カナダの親にとってきょうだいの子育ての一大テーマですが、これは「どんなに混乱した状態でも、冷静さを失わず、明快で客観的に筋の通った考えを忠実に行動に移せば、問題は当然解消される（はずだ）」という信念を表しています。さらに源氏の女癖の悪さを知ったら、「そんなにだらしがない男なら、自分の子どもと性的にどうにかなってしまってもおかしくないんじゃないか、非常に心配だ」と言い出す人もいるかもしれません。これは、家庭内の安全のためな

はじめに

ら快適さを犠牲にすることを厭わないホーム（Home）のテーマに通じます。

  ＊ ＊ ＊ ＊ ＊ ＊ ＊ ＊ ＊

　「人は女に生まれるのではない、女になるのだ」と言ったのはボーヴォワールですが、この本のもとになった研究は、人間のきょうだいも、きょうだいとして生まれるのではなく、きょうだいに「なる」はずだという仮説から出発しました。きょうだいになるためには、「きょうだいとして育てられる」という経験が必要です。そして、ここで大きな役割を果たしているのが親です。

　「親業」（ペアレンティング・parenting）という言葉は、近年あちこちで見聞きするようになりました。親業は、子どもが育つ上での親のあらゆる関わりをひとことで言い表していますが、複数の子どもを持つ親にとって、子どもたちをきょうだいとして育てることは親業の大切な一面です。なぜなら、人が一生のうちで、最も長い時間にわたってつきあうことになるのは、親でも友だちでも配偶者でもなく、実はきょうだいであって、きょうだいとの関係性づくりに親が果たす役割は、唯一無二だと考えられるからです。

　この本は、3歳から10歳までの間にふたり以上の子どもを持つ、日本人とカナダ人のお父さんとお母さん、あわせて78人の親御さんへの聞き取り調査（半構造化面接）に基づいて書いた博士論文の内容が下敷きになっています。研究のテーマは「きょうだいの子育て」で、親ひとりにつき1時間半から2時間のインタビューを行い、その内容を文化心理学の考え方によって比較・分析しました。「どうやってお子さんたちをきょうだいとして育てておられますか？」という私の質問に、初めは「私、そんなことしているかしら？」とけげんな表情をされた方も少なからずおられました。けれども、話が進むにつれて、「そういえば、この前、上の子と下の子がおやつのことでケンカした時に、私とこんなやりとりがあったんですが、実は親としてこんな意図があったのかもしれませんね」と話が発展することがよくありました。

　人が価値や規範などを含む、社会のことわり（理）を身につけるプロセスを、社会学や心理学の言葉で「社会化」といいます。この本のメインテーマ

は、子どもの社会化の担い手である親が、幼いきょうだいをきょうだいとして育てるために、どんな価値を大切にし、それをどんな言葉や行動で子どもたちに伝えようとしているのか、そのクリエイティブでダイナミックな過程を明らかにする、ということにあります。

　きょうだいの社会化の過程において、親は子どもたちの関係性が適切に結ばれるように手を尽くすほかに、コミュニケーションや人間関係における問題解決のスキルをどう育てるかに力を注ぎます。そして、こういった現代社会を生きる上で不可欠な、高度な知的社会力をつけさせるために、しばしばきょうだいとの日常生活をその稽古場に選ぶのです。具体的には、これからも当分つきあい続けなければならないであろうきょうだいとの関係に注目させ、親を共有し、寝食を共にし、互いをいたわり、愛し、自分の取り分や言い分を主張し、助け合ってうまくやっていくためにはどうすればいいのかを、手を替え品を替えてレクチャーし、ほめ、間違いを指摘し、自らお手本を示してみせようとします。

　きょうだいである子どもたちが、遊び、ケンカし、仲直りし、夜にはあどけない寝顔を並べるという日常的な光景は、『源氏物語』にみたように、まさに世の古今東西を問わずにぎやかで、またほほえましいものです。論文指導にあたって下さったゲルフ大学大学院（カナダ）のスーザン・ロリス教授と私は、お互いが感じ考えるきょうだいの「ほほえましさ」について、例を出し合いながら具体的に話し合いました。そして、身近で当たり前の事柄（私にとっては、日本でのきょうだいの育て方）を新鮮な観点から見つめ直すためには、合わせ鏡となるような、もうひとつの文化との比較検討が有効だと結論づけました。

　私がきょうだい関係の研究をするためにカナダに留学したのは、当時日本での先行研究のほとんどが出生順位と子どもの性格や行動パターンの相関関係を分析するものだったからです。これに対し、イギリスやカナダでは、幼少のきょうだいとその親が、家庭での遊びや食事の場面などで、どんなやりとりや会話をしているかを、膨大な自然観察データから分析する研究が盛んに行われていました。きょうだい研究の第一人者であるロンドン大学のジュディ・ダン教授にお手紙でご相談したところ、ゲルフ大学のスーザン・ロリ

ス教授に指導を仰ぐことを薦められていたので、念願叶って彼女のもとで学べることが決まった時の喜びはひとしおでした。

　きょうだいの関係性の研究にこだわったのには、個人的な理由もあります。私と２歳年下の弟が思春期に両親の離婚を経験したことから、親がきょうだいのつながりをどうやって創造するのかを確かめたかったのです。今日の日本で、親の別居や離婚はありふれたことですが、子どもであるきょうだいが、家族が分裂していくのを自分のこととして受け止めることは、それなりの試練です。弟と私は、今でこそつかず離れずのありふれたきょうだいですが、少なくとも10代の頃の私たちは、不可避的な状況のなかでお互いを必要とし、それぞれの弱さを抱えながら守りあおうとしたように思われます。私が７年という歳月をかけて論文を書きながら、自分のために出した答えは、私と弟の関係の基礎は、ほかでもない両親が、いつどんな荒波が来るとも知れないうちから準備しておいてくれていたものだった、ということでした。心理学に限らず、研究の道を歩む人は、自分自身のルーツやアイデンティティを確認するようなテーマを選ぶことがありますが、私もそのひとりのようです。

　この本は４つの章から構成されています。第１章では、論文作成の基礎となった先行文献や研究方法についての紹介を盛り込みながら、カナダへ留学した当初から研究と調査が本格化していった過程をエッセイ風に書いてみました。第２章と第３章では、日本とカナダでごく普通の家庭のお父さんとお母さんから聞き取った「きょうだいの育て方」の様子をご紹介し、第４章では日本とカナダの「きょうだいの育て方」を比較検討しました。著者の思い出話や方法論はともかく、早く結論を知りたいということなら、まよわず第２章からお読みください。親として現役まっさかりのお父さんやお母さんはもちろん、子育てという人生の大プロジェクトを終えてほっとひと息ついた、おじいちゃん・おばあちゃん世代のみなさんにも手に取って頂ければ嬉しいです。

第1章 「きょうだいを育てる」ということ

第1節 カナダでホームステイ
―― 3人の子どもとネコ

　カナダ政府の奨学金をいただいて、ゲルフ大学（オンタリオ州）の博士課程に留学できることが決まったとき、叶えたい夢はいくつもありましたが、その1つは思いがけなく早く実現しました。それは「ホームステイ」をすることです。ホームステイというと、ティーンエイジャーが、同じくらいの年ごろの子どものいる家に部屋をもらって、その子たちと一緒に高校へ通い、ホストマザーを「マム」と呼んだりするというイメージが一般的です。すでに27歳にもなっていた私のような大人が、そんな絵に描いたようなホームステイができるとは思いませんでしたが、普通の家庭の生活の匂いを、しばらくの間でも日常的にかぐことができたらどんなにいいだろうと思ったのです。アメリカのミシガン州立大学の修士課程にいたときは、大学寮とアパート生活を経験することができていたので、今回は家庭のなかに入ってみたいという気持ちもありました。

　大学の留学生課から送られてきたハウジングのリストを広げると、まずは家族構成をチェック。そのなかから選んだのは、ブシェルさんという家族でした。1歳と4歳と7歳の子どもたち、そしてネコがいるというのが決め手でした。ネコが大好きな私にはぴったりです。3人の子どもたちとは仲良くなれるかしら。どんな家に住んでいるのかしら。これから「家族」、それもきょうだいについて研究するんだという期待が、日ごとに高まっていきました。

　カナダできょうだいについて研究しようと決めるまでには、いろいろないきさつがありましたが、一番はじめのきっかけは筑波大学大学院の教育研究科（障害児教育専攻）で、吃音の研究をしようとしていたころにありました。師事していた早坂菊子先生がみておられたケースのなかに、M子ちゃんという6歳くらいの女の子がいて、お母さんが妹さんも連れて、たびたびカウンセリングやプレイセラピー（遊戯療法）に通ってきていました。このM

子ちゃんについて論文を書いていた先輩のお手伝いで、私はM子ちゃんと妹さんが自由に遊んでいる場面でビデオカメラを回していたのですが、妹さんがとにかくしっかりしているのです。気の弱いM子ちゃんが、少し頑張って言い分を通そうとすると、すかさず「おねえちゃん、そんなことで怒るなんて、バカバカしいよ」ともっともすぎる理由で妹に諭されてしまうのです。言い返そうとすると「だ、だ、だって」とどもってしまうM子ちゃんでした。

　M子ちゃんの妹のたどたどしい口ぶりには、どことなくお母さんの口癖を真似している感じがありました。そのころの私にはまだ未知の言葉でしたが、今考えれば、それは一種の「きょうだいの社会化」の結果でした。M子ちゃんとその妹の関係性は、妹が「お母さん」的な役割を演じるという特徴を持っていたわけですが、それはふたりが作り出した関係であると同時に、両親や祖父母など身近な人々によって期待されたり、容認されてきた結果でもあるからです。「しっかりした」妹に対してうまく自己主張できなかったM子ちゃんですが、感情解放などを目的としたダンスセラピーを何度か受けたあとでは、以前にくらべてずいぶん自信を持てるようになったようでした。「お姉ちゃんはね、いまこうやって遊びたいの、やらせてくれたっていいでしょ」と言い分を押し通すのをビデオカメラに収めることができたときは、臨床的な研究の面白さがわかりかけていたような気がします。

　早坂研究室では、吃音のメカニズムに迫り、治療につながる研究をするはずでしたが、すでにそのころから、私の関心はきょうだいや親子の関係性そのものを扱うという方向へと向かいはじめていたようです。そしてきょうだい関係を研究するのであれば、どうしても国外に出なければならないという思いは、文献を読むたびに確信に変わっていきました。海外のきょうだい研究者たちと、日本の先生たちが研究しているきょうだいとでは、見ている視点が違うようなのです。日本には、長男、次男、長女、次女といった出生順位と子どもの性格について、いくつかの文献がありました。長子は責任感が強く、末っ子はちゃっかりしている、といったものです。それはそれで興味を持てないわけではないのですが、そのような類型化はすでにある程度完成されており、それ以上発展させる必要はないように思えました。それよりも、Mちゃんとその妹が見せてくれたようなきょうだいの力関係のダイナミ

ックな様相、いわゆるインターラクション（相互的なかかわりあい）が見たいという思いが大きく膨らんでいたのです。

第2節　ブシェルさん一家の日常

　ブシェルさんは、大学へのバスが出る町の中心から歩いて10分ほどの住宅街に住んでおり、裏庭に大きな木があって、その太い枝から手作りのブランコが下がっていました。トロントの国際空港から直接訪ねるので、到着する時間がはっきりわからないのだけれど、とそのころ普及しはじめていたEメールで連絡すると、「もし留守にしていても、家の裏のドアはいつも開いているから」と返事がきました。かなり治安のよいところのようです。その言葉通り、裏のドアはすこしきしみながら開き、それから1年以上にわたって生活することになるブシェル家のダイニングキッチンが目の前に開けました。

　ブシェル家での生活は、私が望んだとおりのものでした。太陽という意味の名前を持つソラナは1歳になったところで、ソラナの上には、4歳のジュリアンと7歳のエイブラハムというふたりの男の子たちがいました。ソラナは歩けるようになったばかりで、家の階段を上ったり下ったりする練習につきあうのは私の役目でしたし、ジュリアンとエイブは、日本のルーを使ったカレーが大好きで、競い合って食べてくれる育ち盛りでした。

　小学生のエイブが宿題をしているとき、ジュリアンは私のおしゃべりによくつきあってくれました。「ねえ、ジュリアン、あなたが家族の一員として、どうしてもしなくちゃいけないことがあるとしたら、それはどんなこと？」とインタビューの練習もさせてもらいましたが、ちょっとまわらない舌で、「There is nothing I have to do（しなくちゃいけないっていうことはないけど）」と have to の部分を強調しながら、不思議そうな顔で答えてくれました。「お母さんのお手伝いをする」とか「妹の面倒をみる」とかいった答えが返ってくるのではないかと予想していた私には早くも意外な展開です。

第１章 「きょうだいを育てる」ということ

　子どもたちの母親であるスーに、ジュリアンを相手にインタビューの練習をしたと話すと彼女は「ジュリアンはなんて言ってた？」と身を乗り出してきました。上と下に挟まれた、真ん中の子どものさびしさや孤立感を気にするのは日本の親だけかと思っていたのですが、スーにとっても大いに気になっていたことのようです。ジュリアンは「きょうだいの真ん中ってどんな気持ち？」と私に聞かれてしばらく考えていましたが、こんなふうに答えてくれました。「えっとね、自分が車になったような感じだよ。前のタイヤがパパとママで、後ろのタイヤがエイブ（兄）とソラナ（妹）。それでね、車に乗ってるのはクレオなの」。
　クレオというのは、ブシェル家で飼っていたネコの名前です。スーはそれを聞いて笑い出しながら、すぐにちょっと真面目な顔つきになって「クレオが車を運転してるって、どういう意味なのかしら…」と首をひねっていました。クレオはどこからかふらりとやってきて、ブシェル家になんとなく居場所を見つけたネコでした。そんなフーテンのネコが主役とはね…というわけです。それでも、利発なお兄ちゃんと、はじめての女の子で可愛いさかりのソラナの陰で次男のジュリアンが不遇をかこっているのではないかと心配していたらしいスーは、いくらかほっとした様子でした。
　ところでスーはイギリス系のカナダ人で、La Lache League という母乳による育児をサポートするグループでまとめ役をしていました。La lache は、フランス語で「ミルク」を意味する言葉だそうです。「Lが３つ揃っておしゃれなネーミングね」と私が感心していると、スーは「わざわざフランス語を使って活動の内容を分かりにくくしているのは、母乳で育てることに対する偏見があるからなの。母親の自由を制限し、子どもを母親に依存させるものだという考え方がいまだに根強いから、お母さんたちが安心して会に参加できるようにという工夫なのよ」と教えてくれました。「えっ、母乳がタブー？　いったい、いつの話？」と驚いたのはいうまでもありません。
　スーはとても愛情深く、子育ての上手なお母さんでしたから、彼女の育児の様子も興味深いものでした。子どもたちがもめていても、「Hey listen, I have a scoop（聞いて、大ニュースがあるのよ）！」の一言で子どもたちの関心をさらってしまうのはお手のもの。子どもたちが、毛布やカヌーのパドル

を持ち出してリビングルームに大がかりな基地を作ったときは、しばらくソファーが使えなくなってしまったのでしたが、それは「作品」だからというので、何日かそのままにされていたこともあります。そうかと思えば、ソラナが膝に座りたがると、「I am not your chair!」（私はあなたの椅子じゃありません、私に座らないで）と叱っていたこともありました。ソラナにとってお母さんの膝は快適な場所であっても、上から座られてしまう母親のスーにしてみれば、視界が遮られ、すぐに立ち上がることもできなくなります。赤ちゃんとのスキンシップを楽しめるのは親の特権だと思って疑わなかった私には、まさにカルチャーショックでした。

　子どもたちの父親のポールは、イタリア系のカナダ人で、エンジニアとして働いていたようです。活動的なスーとは対照的な、物静かなお父さんで、私には少し恥ずかしそうにしながら、にっこりしてくれたものです。ある時、スーの帰りが遅くなり、ポールと子どもたちと私で食事をしていたのですが、私が「自転車のタイヤがパンクした」と言おうとして、英語でどう言えばいいのかわからずまごまごしていると、エイブがすこし苛立った様子で「タイヤがフラットになった（the tire went flat）と言うんだよ、そんなことも知らないの」と私に言ったことがあります。「蜂の巣（the beehive）」をthe bee's nestと直訳（？）して笑われたこともありました。そんなとき、「唯子は君みたいに、ここで生まれたんじゃないんだよ。日本で生まれて、日本で育ったんだ。英語を勉強している最中なのに、そんな言い方をすることはないだろう？」とおだやかな口調で子どもたちをたしなめてくれるのがポールでした。情けないのと有り難いのとで、その静かな声を聞くとちょっと泣きそうになったものです。

第３節　「インターディシプリナリー（学際的）って？」

　インターナショナルスチューデント（留学生）として、きょうだいのインターラクション（相互交渉）を学びに行った私でしたが、授業がはじまる

と、「インターディシプリナリー」という言葉が先生たちの口から頻繁に聞かれるようになり、さっそく面食らうことになりました。「インター」やその対語である「イントラ」の意味ならわかります。国際基督教大学（ICU）には「イントラパーソナル・コミュニケーション」という科目があったのです。みっちゃんとよばれて親しまれていた故斎藤美津子先生（国際基督教大学名誉教授）が、学生たちにそれぞれ硯と墨と筆を持ってこさせ、半紙に「〇（マル）」を書かせるので有名でした。なんのこっちゃ、と思いながら、友だちが書いた「〇」がほめられるのを聞いていましたが、「インターパーソナル」なコミュニケーションが複数の人間の「間」の関係を指すのに対し、「イントラパーソナル」なコミュニケーションは、ひとりの人間（あるいは組織）の「内部」でのやりとりを指すんだなあということはよくわかったのです。

　しかし、インターの意味はわかっても、インターディシプリナリー（interdisciplinary）は手強い相手でした。知らない言葉の意味は辞書をひけばわかると思いがちですが、辞書がしてくれるのは別の言語に置き換えるだけです。置き換えられた訳語、この場合は「学際的」の考え方そのものが理解できなければ、意味はわからないのと同じです。「インターディシプリナリー」という言葉を使うことで、先生たちが何を学ばせようとしているのか、はっきりとわかるまでには、しばらく時間がかかりました。

　私が入学したゲルフ大学の「家族関係および応用栄養学専攻科（Family Relations and Applied Nutrition）」は、農業大学に付属する、農家の婦女のための学校がその前身だったようです。娘たちが嫁ぎ先で料理や子育てをし、家計を管理することができるようにと作られた、いわば花嫁学校だったのです。その後次第に発達心理学、教育心理学、ジェンダー論、老人学や栄養学などの専門家が同居する、ユニークな学部に発展しました。このようななりたちの学部では、それぞれが専門性の垣根を超えて、互いに刺激し合えるような仕組みや考え方が必要とされました。それがインターディシプリナリー（学際的）だったのです。学部時代を「国際関係学科」というさまざまな領域が乗り入れるのが当たり前の環境で過ごしてしまっていたこともあり、私にとっては、ディシプリン（学問分野）ひとつひとつの顔かたちを把握する

第 3 節 「インターディシプリナリー（学際的）って？」

ことからはじめなければなりませんでした。

　博士論文を書くためには、その前段階の論文審査をパスして、博士候補生（doctoral candidate）にならなければなりません。審査方法は、カリキュラムの方針によってさまざまですが、私たちの場合はインテグレーション（統合）ペーパーとよばれる論文を書くことになっており、博士課程の学生たちの頭痛のタネとなっていました。自分のテーマについて、関連の深い3つのディシプリンを選んで、それぞれの知見を整理し、最終的にすべてを統合してモデル化（理論化）するのですが、先生たちの要求水準が高く、博士論文を書くほうがまだ楽なのではないかと、仲間同士でこぼしたものです。私たちがあまりに手こずっているので、ブルースという教授が博士課程の学生たちをラウンジに集めて、コーヒーを片手に話をしたこともありました。ブルース先生は「ネズミがうまく実験用の迷路を走ってくれないときは、ネズミに話を聞け、という鉄則があるんだ」という教育心理学者らしいジョークで笑わせてくれましたが、たしかにどっちへ曲がっても出口が見えない、迷子のネズミの気分でした。

　インテグレーション・ペーパーをやっと書き上げ、中間審査に合格したのは、20世紀最後の冬至の日でした。「一年で一番夜の長い日に、ゴールへ向かう暗いトンネルのむこうに一条の光を見ることができましたね。おめでとう」。スーザン先生がお祝いに下さったカードには、そう記されていました。インテグレーション・ペーパーは、時間のかかる仕事ではありましたが、投げ出したいと思ったことはありませんでした。私が選んだ3つのディシプリンは、発達心理学、社会学、そして文化人類学でした。それぞれの理論的背景から、きょうだい関係について書かれた論文を探し、ひたすら読んで、研究の傾向を調べるという課題は、とても興味の持てるものでした。とりわけ文化人類学という未知のディシプリンとの出会いは、大きな収穫だったといえます。

第1章 「きょうだいを育てる」ということ

第4節　アンソロポロジー（人類学）に恋して

　アンソロポロジー（anthropology）の anthro は「ヒト」という意味で、文化人類学、自然人類学、言語人類学、考古学という4つのサブ・ディシプリンから構成されています。きょうだいの育て方について、たとえばパプア・ニューギニアでは、あるいはアフリカのある部族では、どのような営みが観察されているのか、どんな意味が与えられているのか、探せば探すほど面白い研究が出てきて、一時私はアンソロポロジーに夢中になりました。
　たとえば、南太平洋のパプア・ニューギニアでは、きょうだいである子どもたちは、親から「おまえたちは、ひとつの血（one blood）なのだから、もしきょうだいを傷つけることがあれば、それは自分を傷つけることになるよ」と教えられて育つという報告があります（Whiting,1941）。きょうだいの関係性は、婚姻に関する伝統や習慣に結びついていることにも、文化人類学は注目します。たとえば、パラオ諸島では、食べ物や宝石などの貴重品は、いとこ婚（夫と妻の親同士がきょうだい）で結びついた姻族のサークルの中で循環し、生活に役立てられるそうです（Smith,1981）。結婚後の経済的な安定を確保する上で、きょうだいが大きな役割を果たすことについての例は少なくないようで、北インドでは、女性が自分の男のきょうだいとの絆の証として、ふたりの姿を自分の体に入れ墨するという慣習が報告されています（Kolenda,1993）。
　さらに、親たちに不慮の事態があった場合に、残される子どもたちをだれが養育するかについても、あらかじめ人々が用いる言語のなかで約束されています。ラドクリフ・ブラウンという20世紀初頭の文化人類学者が1924年に報告したところによれば、南アフリカのズールーという部族では、子どもの父親と、そのきょうだい、つまり子どもたちの伯父伯母は、ubaba という同じ言葉でよばれるそうです。もし父親になにかあったときには、伯父伯母が子どもたちに対して、父親のかわりになれる、つまり父親とその兄弟姉妹

は、子どもにとっていわば同等の価値を持っていることになります。

　アンソロポロジーが魅力的だったのは、その地理的な広がりだけではありませんでした。方法論についての考え方が、心理学とは全く違うのです。そのことを初めて教えてくれたのは、アメリカのミシガン州立大で人類学を勉強していた日本人の留学生でした。データとは、数字を使ってとるものだという前提で話していた私に驚きながら、「人類学は、数字を使わないんだよ」と彼女が言ったとき、私も驚いていました。「数字を使わずに調査なんてできるの？」。そのときにはぼんやりした違和感でしかなかったのですが、きょうだいの育て方を日本とカナダで比べるという課題を抱えた今となっては、数字にならない部分をどうするのかがとりわけ重要で、文化人類学の方法にこそ希望があると思うほどまで、私の考え方は変わってきていました。

　いっぽう、私が文化人類学に夢中になっている様子を、スーザン先生は少し複雑な思いで見守っていたようでした。彼女自身の専門である発達心理学と文化人類学では、相容れない部分がかなりありました。特に私の研究の目的である文化間の「比較」について、心理学が、文化間比較心理学（cross-cultural psychology）という一領域をすでに確立していたのに対し、人類学は懐疑的な立場をとっていたため、彼女が心配するのも無理はなかったのです。

　インテグレーション・ペーパーが審査に合格すると、スーザン先生との二人三脚も本格化し、いよいよ論文作成です。アドバイザーとは研究上の親がわりであり、研究者としてはもちろん何枚も上手です。しかし、細分化された研究というものの性質上、学生の方が知識を持っていたり、事情に精通していたりすることもあります。時に教え教わり、時に真剣に意見を闘わせなければならないという意味で、アドバイザーとの関係を良好に保つのはなかなかに至難の業です。入学した当初は遠慮しあってうまくやっていても、論文作成が佳境に入るとアドバイザーと大げんかになり、学位を取ったあとは連絡も取り合わなくなってしまった先輩たちのホラーストーリーも耳にしていました。敬愛するスーザン先生と一緒にゴールまで走りきり、のちのちまで良い関係でいられるためには何をどう進めていったらいいのだろう。そのことが私の頭を離れない生活が始まりました。

第5節　文化心理学と出会う

　親によるきょうだい関係の社会化、つまり親が子どもたちをどのようにきょうだいとして育てているかを、日本とカナダで比較する上で、文化人類学の利点を出来るだけ活かすことの意義は、スーザン先生も理解してくださいました。このような研究では、親たちが持っている価値観や信念に注目しながら、どんな具体的な方法や言葉かけによって子育てをしているかをひとつひとつ聞き取っていくことが非常に大切であり、アンケートや観察などの方法では代用できないということがわかっていたからです。

　アンケートを使用した文化間比較としては、多国籍企業であるIBMの社員（40カ国、11万人）を対象に、価値観を比較して文化の差異を調べ、4つの次元に理論化したオランダの学者ホフステード（Hofstede）の研究がよく知られています。ホフステードによれば、日本は集団主義的で相互依存を前提とするのに対し、北米の文化では個人主義的で、独立独歩を旨とするといった違いがあります。集団主義的、あるいは個人主義的といったおおまかな方向性も、そもそもは生まれ持ったものではなく、幼少のころから社会化、つまり身近な大人たちから教えられて習得したものであるはずです。しかし、集団主義的（あるいは個人主義的）な子どもを育てようとするとき、具体的に親が子どもに対してどのような関わり方をするのかといった、社会化のプロセスを明らかにする研究はあまり報告されていません。

　スーザン先生はすでにカナダ人40家族に対し、それぞれ9時間ずつ自然観察を行い、さらに2年後に同じ家族を対象に、再び9時間分の観察をするという気が遠くなるようなデータをもとにきょうだい関係の研究を行っていました（Lollis 他, 1996, 1999）。一度に9時間の観察はできないので、1回につき90分の観察を6回に分け、居間やキッチンにマイクを設置して、アシスタントの学生がメモをとりながら、すべてのやりとりを記録したそうです。このような研究方法では、まず音声テープやビデオに収めたものを研究

アシスタントが見て、子どもや親の言葉をもらさず書き取り、観察された行動についても言葉で説明を加えることによってデータ化します。

トランスクリプトとよばれるこの書き起こしデータは膨大で、数十個の段ボール箱に整理されていました。私も研究アシスタントとしてこのデータの解析を手伝ったことがありますが、子どもたちが2歳と4歳の第1期と、それから2年後の第2期を比べると、第2期がだんぜん賑やかで子どもたちが生き生きしており、親のほうも笑ったり叱ったりと忙しい様子がうかがえました。ただし、スーザン先生の心理学的な分析方法では、これらのデータは最終的には数値化され、統計的に処理されるため、ナマの言葉が表舞台に出ることはありません。多くの象徴を含む言語の豊かさを活かした研究をするためには、人類学の知見や調査の方法から学ぶ必要があったのです。

「文化心理学」という学問領域があることを知ったのは、インテグレーション・ペーパーの執筆が始まったころだったと思います。文化心理学の発想とは、それまで西洋的な発想や論理を唯一絶対の価値として構築され、発展してきた心理学というディシプリンを、根本的に見直そうとするものでした。ここで、西洋的な発想とはなにかということを考えてみると、その特徴のひとつに、物事の因果関係の説明や理解の方法があります。フローチャートのように、もしAという条件を満たすならばB、満たさないならばCというように矢印に沿って進めば目的地に到達する、という科学的で論理的に明快なシステムといえばイメージしやすいでしょうか。

文化人類学者として、文化心理学を牽引する学者の一人シュウェーダーは、心理学を批判し、あくまでも西洋的な二元論の上になりたった学問でしかないと主張しました。「生きるべきか死ぬべきか、それが問題だ」というハムレットのように、1つの質問に対して、イエスかノーかのどちらかを選択することで議論をし、判断を下すのが二元論の特徴です。しかし世界に目を転じれば、この方法が絶対に正しいとはいえません。このような考え方を、「文化相対主義」といいます。それにもかかわらず、心理学をはじめとする多くの学問は、普遍主義的な二元論を中心として発展してきました。その結果、二元的な世界観にうまくあてはまらないことについては、非科学的だと批判され、切り捨てられてしまうことになります。

第1章 「きょうだいを育てる」ということ

　心理学に限らず、多くの学問が英語という言語を共通語として発展してきましたが、シュウェーダーはここにも決定的な限界があると指摘しています。英語が持つ論理構造の限界を、ネイティブアメリカンのホピ族の例を使って説明している箇所がありますので、それをご紹介しましょう（Shweder,1984）。ホピ族は、日照りが続くと「雨乞いの踊り」をしますが、英語を母語とする研究者は、「私たちが踊って、雨が降ります」というホピ族の説明を、踊る事によって、雨がもたらされる、つまり踊りが原因、降雨が結果であると理解します。フローチャート的にあらわせば、降水量は十分か？→ノー→雨乞いダンスが必要か？→イエス→雨乞いダンスをして雨を降らせる、となるでしょうか。

　しかし、ホピ族の考え方をもっと丁寧に聞いてみると、フローチャートでは具合の悪いところが出てきます。なぜなら、シュウェーダーによれば、ホピ族は踊ることによって自らが雨を降らす神となって、そして雨が降ると考えているからです。踊りと雨の関係を考えれば、これもひとつの因果関係ですが、フローチャートにしようとすると、あなたは踊りによって神になったか？を「判断」する必要が出てきそうです。そして、ホピ族の踊り手がイエスと答えれば、西洋の学者は、そこに合理的な説明や論理的な根拠を求めるでしょう。そこでどんな説明がされたとしても、「神とはイエス・キリストただひとりである」というキリスト教の世界観や、「雲は過冷却の水粒と氷晶でできているが、雲の中で氷晶が落下する際に、周囲の水粒が水蒸気となって氷晶を成長させ、大気中で溶けて地上に達したものが雨である」というような科学的な認識には太刀打ちできません。

　西洋的思考が絶対的な優位性を持ち、それ以外は不問に付される状況を改めるべく旗揚げされたのが「文化心理学」でした。立ち上がったのはシュウェーダーを含む一部の人類学者と一部の心理学者たちですが、次第に多くの学者たちがあとに続くようになりました。私としては、心理学の知見をふまえつつ（あるいはもっと正直に言えば、スーザン先生を納得させつつ）、人類学的な発想を積極的に研究に取り入れるにはどうすればいいのか、ヒントを求めてさまよっていたわけですから、文化心理学はまさに救世主、あるいは地獄に仏でした。

調べてみると嬉しいことに、子育ての日米比較研究を長年手がけられていた柏木惠子先生は、北山忍先生、東洋（あずまひろし）先生といった、心理発達と文化に関する研究の第一線で活躍される研究者の方々とともに、1997年には文化心理学についての著書を出されていました。柏木先生が東洋先生と共同で発表された日米の子育て研究は有名ですし、北山先生といえば、マーカス＆北山として1991年に発表された論文を皮切りに、「相互独立的自己」と「相互協調的自己」という概念を打ち立てられた方です。文化心理学の先駆者のひとりであるマイケル・コールが、認知心理学の立場から書いた『文化心理学──発達・認知・活動への文化──歴史的アプローチ』も、2002年には日本で翻訳が出版されており、私は心強い味方を得たような気持ちでした。

第6節　ふたつの意図的世界

前述のシュウェーダーは、文化のなかで生きる人間を主体としてとらえ、その主体が積極的に見いだしている意味や目的を尊重するため、「意図的世界」(the intentional worlds) (Shweder, 1990) という概念を提案しました。ホピ族のメンバーが、人間として雨を降らせようと儀式を行っているのか、自ら神となって雨を呼んでいるのかは大きな違いですが、従来の心理学にはその違いを理解する方法がありませんでした。しかし、文化心理学の考え方によれば、ホピ族がどのような世界観を持ち、天候という現象をどう理解し、生活のなかに位置づけ、「意図的に」雨を降らせようとしているのかを注意深く探ることで、「雨乞いダンス」ばかりでなく、ホピ族の生活をより正しく理解することができるはずだと考えます。同じように、日本とカナダの親たちが、それぞれどんな子育て観を持ち、家族やきょうだいという関係性を理解し、生活のなかで意図的に子どもたちをきょうだいとして社会化しているのかを理解するために、「意図的世界」というキーワードはうってつけでした。

しかし、私には次の関門が待ち受けていました。2つの意図的世界の「比

較」をどう正当化するかということです。「日本」と「カナダ」を比べる必要性を示し、その方法を論理的に説明できなければ、博士論文として認めてもらうことはできません。英語で、比べられないはずのものを比較することを、apples and oranges と言います。「えっ？　りんごもみかんも果物なのに、比べられないの？」と不思議に思いませんか。同じ果物である「りんご」と「りんご」の比較は可能ですが、「りんご」と「みかん」は異なる果物ですから比べられないはずだというのが西洋の論理なのです。ただし明確な理由があれば、話は別です。幸い一般心理学には、何も手を加えない状態の統制群と実験群を比較し、その差異が有意かどうかで実験の効果を証明するという伝統があります。ですから、別の研究者が「りんご」と「みかん」を比較したという前例があったり、「りんごとみかんはビタミンCの含有量において比較に値する」といった根拠を示せれば、ここは問題解決です。

　ところが、人類学の性格を色濃く残す文化心理学については、そう簡単にはいきません。「りんご」と「みかん」を比べることよりも、「りんごはりんご」、「みかんはみかん」として、それぞれ理解することが重要だと考えているからです。この研究でいえば、日本の親と、カナダの親、それぞれの親業を、なぜ比べなければいけないのか、それよりもむしろ、ひとつずつ丁寧に調べて発表したほうがいいのではないのか、ということです。比較に対してきわめて慎重な姿勢の背景には、二者を比較し、差異を並べ上げることで、それぞれについてわかった気になってしまう傾向を自戒する意味合いもあったでしょう。数字の上での表面的な比較にとどまりやすく、意識するしないにかかわらず、優劣の判断材料になりやすいというリスクもあります。単にAとBの比較のつもりでも、それが西洋と東洋、科学性と非科学性、といった単純な二元論の温床になってしまうことも、警戒されて当然でした。

　それでも私とスーザン先生は「比較」を可能にしたいと考えました。何年もかけて話し合った経験から、それぞれが育った文化圏での子育て行動や人間関係にまつわる価値観のレパートリーは、比べる相手を持つことによって、結果的にそれぞれの特徴がはっきりと浮き上がってくるはずだという確信があったからです。そこで、パイクという言語学者が考案したエティック（etic）とエミック（emic）という概念を用いることにしました（Pike,1967）。

第6節　ふたつの意図的世界

　エティックとは phonetic（音声的）、エミックとは phonemic（音韻的）のそれぞれ最後の4つのアルファベットを切り離したものです。エティックとエミックの違いを説明するために、パイクはこんな例を使っています。ろうそくを「フッ」と吹き消すときの口の形と呼気の出かたは、英語の which という単語の最初の「wh」という音と同じです。ここでろうそくを吹き消す時の音は、音自体には意味がありません。しかし、この音が which の最初の「wh」だとすれば、英語を理解し、which の意味を知っている人にとっては、それは「音声」になります。パイクはこのように、事情通の人が生きている意味の世界を「エミック」とよびました。

　Phonemic とは、音素的という意味で、音素とは意味の違いを区別する音声の最少単位です。英語の rice（米）と lice（しらみ）が、英語を母語とする人には全く違う意味の言葉として聞こえますが、多くの日本人にはどちらも「らいす」と聞こえるのは、日本語の音素が英語の約半分と少ないからだと説明することができます。

　これに対して、内部事情に通じていなくても、だれもがわかる世界は「エティック」とよばれます。英語を知らなくても、ろうそくを吹き消すときに、唇をとがらせて出口を狭めておいて、そこから一気に息を吐き出すときに出る音はだれがやってもほぼ同じになります。「口の形」や「息の使い方」、「舌の形」など、いくつかの要素がわかれば、だれでも同じ音を再現できるように工夫されたものが、外国語の学習に使われる音声記号です。この記号に忠実に従えば、あらゆる言語を構成している「音」をほぼ正確に表すことができます。このように意味と切り離された、みんなに共通の世界が「エティック」です。

　私の聞き取り調査の場合は、「養護性」「ケンカ」「公平性」「互恵性」「責任」（それぞれ英語では、nurturance, conflict, equality, reciprocity, responsibility）という概念のセットが「エティック」、つまり日本とカナダの両国に共通の枠組にあたります。「きょうだい関係」をキーワードとして、網羅的に収集した論文によれば、これらの5つの概念は、心理学と社会学と文化人類学の3つの領域で、いずれも一定の重要性を持っているとされていました。

　エティック（概念の大枠）を確保することで、エミック（意味）の探索に

取りかかることができます。そのために用意したのが「インタビュー・プロトコル」、つまり実際の聞き取りに使用した質問項目です。たとえば「養護性」であれば、ひとりの親が、どのような場面で、またどのような理由で、きょうだいの間で「養護的」な関係を生じさせようとしたのかを具体的に聞き取ります。質問は、「あなたが親として、年上の子どもに対して、年下の子どもに親切にするように働きかけたときのことを教えてください」にはじまり、「それはなぜでしたか（意図）」「あなたは具体的に何と言いましたか？（社会化行動）」「そのとき、どのような気持ちになりましたか？（感情）」といった関連する質問をしていきます。年上の子どもと年下の子どもを入れ替え、妹や弟が兄や姉に対して親切にするように促した親の経験についても、同じように質問しました。

　日本では日本語で、カナダでは英語で、という使用言語の違いはありますが、同じ内容を質問することによって、日本流のきょうだいの育て方、カナダ流のきょうだいの育て方という2つの異なる「エミック」が発見できるというしくみです。しかも、それぞれの「エミック」は共通の「エティック」（5つの概念のセット）から派生しているという前提があるので、「りんご」と「みかん」のように異なっているようでも二者の「比較」は可能だというのがパイクの考えであり、私とスーザン先生が寄って立つ比較の根拠でもありました。

第7節　グラウンデッド・セオリー・アプローチに挑む

　たとえていうと、エティックは意図的世界への往復切符、エミックはそれぞれの意図的世界でひろげる真っ白なスケッチブックです。エティックは、日本人の親とカナダ人の親の意図的世界にたどり着き、帰ってくるための手段です。行き先についたら、それぞれの土地で新しいスケッチブックを広げ、調べたことについてまとめていきますが、ある時点でもうそこでの新しい発見はないと確信できる時がきます。もう十分だと心から納得できたら、

第7節　グラウンデッド・セオリー・アプローチに挑む

エティックの帰りの切符で出発点に戻る。2つの意図的世界を旅して帰ってくると、2冊のスケッチブックが手元に残りますから、これらを比較することができるというわけです。

さて、ここで「心から納得できたら」という表現を使いました。プライベートな旅行を終えて家に帰るタイミングを決めるならともかく、科学的な根拠に基づいて書かれたはずの学術的な研究なのに、ずいぶんと主観的でアバウトではないかと戸惑われた方もいらっしゃるでしょう。「心から納得できた」ということを、質的研究（グラウンデッド・セオリー・アプローチ）の専門用語で「理論的な飽和状態に至った」といいます。もう新しい発見がなくなったと調査者が確信できたことを指します。

カナダへの大学院留学で学んだことは数多くありますが、ケリー・デイリーという社会学の教授から「グラウンデッド・セオリー・アプローチ」という方法論の手ほどきを受けられたことは幸運でした。これは、数的に統計で処理する量的方法に対し、言葉や象徴を手がかりとする質的方法とよばれる社会調査の技法の1つです。もともとは、看護学で取り入れられ、たとえば愛するものの重篤な病いや死を経験した人々が、悲嘆や喪失、孤独にどう向きあい、回復してゆくかという現象を、量的な方法よりもはるかにわかりやすく説明したことから注目されるようになりました。

数値のかわりに言葉を使うというだけでなく、演繹的に結論を出すか、帰納的に理論を生み出すかという点でも量的研究と質的研究には大きな違いがあります。量的研究ではトップダウン、つまりすでに正しいとされている偉大な理論があり、そこから調査者が「仮説」を論理的にあらかじめ導き出しておいて、実際の調査でその仮説が○か×かを検証します（演繹的）。自然科学系の多くのディシプリンが採用している方法で、心理学でもデータのボリュームが大きい（例：回収できたアンケートの枚数が多い）ほどその分析結果は信頼度が高まるとされます。

これに対して、質的研究ではボトムアップ、つまりデータのなかから目をこらして法則性を見つけ出し、理論の構築に到達することを目指します（帰納的）。こういった形で得られた理論は、偉い先生方がうちたてた立派な記念碑的理論と区別するため、ミニセオリーと呼ばれたりします。あくまでも

ミニですから、たとえば「きょうだいの育て方」が日本とカナダでどう異なるか、というほどのスケールに留まります。しかしその代わりに、従来は顧みてこられなかった事柄に光を当てるという使命を果たすことが可能になるのです。

　小川洋子さんの小説『原稿零枚日記』（集英社文庫、2013年）のなかに、小説のあらすじを構成する重要なキーワードを本文のなかから見つける術について書かれた部分があります。小川さんはこの作業のことを「（ストーリーの）流れの底に潜む特別な小石を二つ三つ見つけること」と表現していますが、まさにインタビューの書き起こしデータから、コードやカテゴリーと呼ばれる重要な概念を見つけ出す感じにそっくりです。実際、質問がかみあわなかったり、正直興味を持てないまま終わってしまうインタビューというのは、いくつかあるものです。しかし「どんなにつまらない小説でも、それが言葉によって何かしらを語ろうとするものであるならば、必ず小石はあった」と小川さんが書くように、後日書き起こしてあらためてよく読んでみると、はっとさせるような発見や輝きがたしかに見つかったものです。

　小川さんはこういった小石は、小説の重要な支点になっていることを自らは自覚していないのであるから、あらすじの書き手はそれをだれよりも早く気づいてやる必要があると書いています。インタビューの分析もまさに同じことが言えます。日本側のデータで最初に見つかった「小石」は「いっしょ（一緒）」でしたが、文字の羅列のなかで、ごくごくなにげない顔をしていたのは忘れられません。小川さんいわく、「（あらすじの字数制限である）二百字の中に小石を配置した途端、あたりを覆っていたぼんやりした霧は、いっぺんに晴れ」るのですが、「一緒」であったり「同じ」であったりという小石の発見と適切な配置によって、平凡なインタビューが突然に意味を帯びてくるという経験を、何度も重ねました。

　グラウンデッド・セオリー・アプローチには、性急に未熟な結論を出してしまわないような工夫をほどこしつつ、調査者の直感を鋭敏にするための方法があります。その1つが、ジャーナルを書くことでした。研究テーマに関する覚え書きを日記風に書いていくもので、インタビューの最中に感じた違和感にはじまり、シャワーを浴びたり、車を運転をしたりしながら「そうい

えば…」とふと思ったことまで、書きつけてはそれを読み返し、またその感想を書くという具合に、リサーチと平行して続ける作業でした。ここには、自分が追いかけているテーマについての個人的な動機を明らかにするという大切な役割も含まれていました。対象について知ることと、それを知りたいと望む自分について知ることには、深いつながりがあると教えてくれたのもケリー先生でした。なにごとかを明らかにしようとするとき、自分の隠れた意図について気づいているかどうかで、対象を認識する目が変わってくるというレベルまで、グラウンデッド・セオリー・アプローチが目配りされていることには、感嘆するほかありませんでした。

　グラウンデッド・セオリー・アプローチは、まさに挑み甲斐のある相手でした。ケリー先生のゼミでは、「科学的である」という言葉の意味を疑うこと、批判的に考えること（クリティカル・シンキング）を求められました。私たちは、科学的でなければならないと考えるあまりに、数字の力を妄信していないか、白か黒かを判別することだけにとらわれず、その間のグレーに注目すべきなのはなぜか、そのためにはどのような方法があるのか、このような方法論の可能性と危険性はそれぞれどんなことか、というように彼はまたたく間に私たちを質的研究の面白さに目覚めさせました。しかしそうかと思うと、私たちが質的研究の考え方にいくらか慣れ、少し調子にのって量的研究の象徴である「数字」をけなすようなことを言いはじめると、「数字だって『質』の一種じゃないだろうか」とまぜっかえしてくるので、おちおちしていられません。大学というところでは、先生が言ってほしがっていることを探して言い当てるようとするのではなく、自分の考えを持った上で発言しなければならないという当たり前のことを、つくづく感じた授業でした。

　ケリー先生は、そのころ50代の半ばだったでしょうか。あたたかいユーモアと物腰の柔らかさに油断していると、とてもシャープで鋭い指摘をなさるので、ほかのどの教授と相対するよりも緊張したものです。あるとき、博士論文の下書きの一部について、論拠が不十分で意味が伝わりにくいという指導を受けたことがありました。日本側のデータをもとに分析をした箇所でしたが、私としてはもうこれ以上説明しようがないと感じていたのです。そこで「何事も白黒をつけようとせずに、グレーをグレーとして認めるような

認識が必要」だとケリー先生が重ねて説いていたことを盾にとった形で、「ここはグレーゾーンなのです」と反論を試みました。しかし、彼は落ち着いてこう言いました。「『どういうグレー』なのかをきっちりと書くことがあなたのすべきことです」。質的であるということに甘えてはいけないとケリー先生は言ったのだと思います。

　「グレーをグレーとしてきっちり書く」という教えは、特に日本語で行ったインタビューを英語に翻訳し、その解釈を英語で書く執筆作業の間中ずっと、私の"座右の銘"になりました。英語にしてしまうと日本語のニュアンスが伝わらない、と諦めてしまうことは時に、あまりにも魅力的でした。けれども、私が日本語独特の「ニュアンス」、あるいは日本人的な感覚なのだと言ってしまった瞬間に、カナダ側との共通性は見いだせなかったことになり、比較はそこで終わってしまいます。グレーを構成している白と黒の割合を限界まで探ることは、つまりインタビューのデータを繰り返し、暗唱できるくらいまで読み、ひっかかる部分、気になる言い回しはどれか、平凡なようでもいろいろな親が口にしているようなキーワードは他にないか、徹底的に考え続けることでした。「心から納得し、その場を去って次に進む」というのは、そのようなプロセスを経てはじめて許される行為でなければなりませんでした。

第8節　ペアレンティング（親業）の世界へようこそ

　第1章はそろそろ終わりにして、次の章からは日本人の親によるきょうだいの子育てについてご紹介したいと思いますが、もう少しだけページを割いて、本書のサブタイトルにもなっているペアレンティング（親業）について書いておきたいと思います。

　親業という言葉は「parenting」の訳語です。ペアレントは親ですから、それにingをつけることで、「今まさに親である」ことのアクティブで、躍動的で、積極的な感覚が表れています。時々刻々と変わる親子の関係性な

ど、親子関係のダイナミックさをひとことで言い表そうとする言葉です。ペアレンティングという言葉が一般的になる前には、child-rearing いわゆる子育て、という言葉が一般的でした。それがなぜ、「ペアレンティング」になったのでしょうか。

ゲルフ大学でお世話になった教授のひとりは、レオン・クチェンスキーという先生で、彼は親子関係学、つまりペアレンティング研究の第一人者ともいえる心理学者でした。彼の主張は、親と子は相互に影響しあう存在だということであり、それをペアレンティングの性質としての双方向性（bi-directionality）という言葉で理論化していました。

親が子に影響を与えるだけでなく、子も親に影響を与えるということを認めるのがそんなに大げさなことであるというのは、当初私にはよく理解できないことでした。けれどもレオン先生によれば、欧米の文化では一般に、影響を与える主体となれるのは親であって、子はその従順な受け手となることが期待されており、無意識のうちにその関係は一方通行になっているというのです。ひとつの例をあげれば、子どものことを「ブランクスレート（白紙状態）」（もとはラテン語の tabula rasa）と言うことがあります。まっさらの白い紙に大切なことがらを書きつけていくのは親の仕事だという認識を前提とした表現です。彼は、このように無意識に刷り込まれている親子関係についての伝統的な考え方をくつがえし、子どもも親と同じように能動的でクリエイティブな存在であって、親に影響を与えるのが当然であること、親と子の双方がそれぞれの考え方を持って相手に働きかけることを前提として、親子関係を考えるべきであることなどを次々に本や論文に著しています。

ペアレンティングという言葉には、言外に親業に対する「子業」にあたる、子どもとしての生き方、あり方を認めるべきだという考えがあるのでしょう。レオン先生はまだ駆け出しのころ、コンプライアンス、つまり子どもが親におとなしく従うことについての研究をいくつも手がけていました。子どもがブランクスレートであれば、親に反抗することはありえないはずですが、実際にはそのあり得ないことが多く起きるのが親子です。

親が子を従わせようとしても、子どもには子どもの考えがあるという、私にしてみれば当たり前のことが、西洋の心理学の世界ですんなりと受け止め

られるようになったのは比較的最近のことのようです。ここでも、原因（親）があって結果（子）があるという因果関係の西洋的な発想が災いしているということでした。子どもが小さいうちは特に、親の権限や影響力は絶大であるし、そうであるべきだという考え方は、第3章の「ヒア」や「ホーム」といったテーマのなかでも色濃く表れてきます。

　そんなわけで、レオン先生が力説してやまない親子関係の双方向性そのものは、私にとっては目立って新しい考え方ではなかったのですが、彼の発想の豊かさやクリエイティブさには多くを学びました。最もユニークだと思ったのは、彼が論文に『不思議の国のアリス』を引用し、ていねいにオリジナルの挿絵まで添えたことでした。アリスがハートの女王とクロッケーというゲームをするシーンをご存知でしょうか。クロッケーの木槌のかわりにフラミンゴを使い、ボールの代わりにハリネズミを使うのですが、アリスがフラミンゴの体を抱え、長い首をまっすぐに下に伸ばしてボールを打とうとすると、フラミンゴは首を丸めて困ったようにアリスの顔を見るので、アリスは笑い出してしまってボールが打てません。おまけにボール役のハリネズミまで、すたこら逃げ出してしまいます。

　このアリスの比喩は、ベイトソンという文化人類学者が、生物体同士の関係性を考える上では、それぞれの性質を考慮すべきだと指摘したときに使われたそうです。レオン先生はさらに解釈を広げて、アリスが「親」、フラミンゴが「子」に相当するという見方ができると述べています。アリスとフラミンゴでは、もちろん人間であるアリスのほうにより強い力がありますから、両者の力関係は均衡ではありません。それは、親と子ではほとんどの場合親に理があるのと同じです。けれども、フラミンゴも、アリスのいいなりにはなっていませんから、無力ではないのは明らかです。しかも、子どもはむやみに親にたてつくばかりとは限りません。フラミンゴのように、ユーモアの力で親を味方につけることもできるのです。

　スーザン先生はレオン先生と共同研究をすることも多く、アリスの挿絵入り論文は、私も含めた3人の共著論文でした。スーザン先生ご自身も、モダンバレエを習ったり、詩を好んで読んだりするクリエイティブな方だったので、レオン先生と同じように、研究のなかで比喩を楽しんでいたようです。

私の研究のインタビューのなかにも多くの比喩が出てきて、スーザン先生とよくそれをどう解釈するかについて話し合ったものです。そんなとき、彼女はきまって「星は正面から見るより、斜めから見た方がよく見えるのよ」というのでした。「この親の考え方はどういうものなんだろう」と気負ってデータに立ち向かうよりも、比喩という斜めの角度から見たほうがよく見えるときもある、そう言いたかったようです。

　それから何年もたってから、「星は正面から見つめるより、斜めにチラリと見た方が輝きを増す。過ぎた深読みは推理を惑わせ、弱めてしまう」という台詞が、エドガー・アラン・ポーの『モルグ街の殺人』という小説にあると知りました。「朝日新聞」の天声人語（2009年1月19日付）に引用されていたのですが、出典をはじめて知り、スーザン先生とともに比喩を楽しんでいた日々を懐かしく思ったものです。

第2章 親によるきょうだいの社会化
──日本の場合

ここからは20組の日本人の父親と母親、あわせて40人へのインタビューをもとに、きょうだいの社会化におけるメインテーマを探って行きます。研究に協力していただくご家族は、トロント市内にある日本人の子どもたちのための幼稚園（はこぶね幼稚園）と小学校（トロント補習授業校）を通じて、研究の趣旨を説明した手紙を配布して募集しました。ただ1つの条件は、「3歳から10歳までの間にふたり以上のお子さんがいらっしゃること」。目標としていた20組のご家族をインフォーマント（研究協力者）として確保することができました。きょうだいのジェンダーの組み合わせ（兄弟・兄妹・姉弟・姉妹）は、それぞれ5組ずつになるように調整しました。父親の平均年齢は37歳、母親の平均年齢は35歳でした。ちなみに、カナダ側の親たちの平均は父親が37歳、母親が36歳でほぼ同じでした。

　どのような研究であっても信頼に足るデータを収集することは最も大切な部分であり、それだけに困難を伴うものです。文化比較をするというテーマを掲げたこの研究の場合、最も理想的なのは日本に住む日本人の家族にインタビューすることでした。しかし、経済的な負担に加えて、私がデータ収集のために日本に長く帰国することでスーザン先生の論文指導が受けられなくなることが大きなリスクになると考え、カナダに駐在されている日本人のご家族にご協力をお願いすることになりました。

　このことは、いくつかの留意点をのぞいては、大きな問題にはならなかったと考えています。ひとつの留意点は、企業あるいは病院などの研究機関で働くために日本から派遣されたご家族は、父親が就労して収入を得て、母親が家事労働に携わるケースが100パーセントだったことです。これは、配偶者には就労ビザが与えられないという制約のためです。20人の母親には、日本では働いていたという方も何人か含まれていますが、調査時は全員が主婦だったのに対し、カナダの家族は19家族のうち17家族が共稼ぎでした。

　もうひとつの留意点は、インタビュー当時、この20家族がカナダで生活をしていたということです。外国で生活するという不安に家族が一丸となって立ち向うという意識が感じられたことは多々ありましたし、日常的にカナダ人の子育ての様子を観察していますから、そのことから影響を受けている部分もあるでしょう。さらに住宅の広さや構造、車での移動を中心とした生

活様式などは日本とはやや異なります。カナダでの滞在期間は、最も長いご家族で6年、短いご家族では2ヶ月、平均は2年8ヶ月でした。またこれらのご家族のほとんどが、7年以内に日本に帰国するという条件でカナダに滞在していました。

　日本の親によるきょうだいの社会化に共通するテーマは、「一緒」「同じ」「譲る」「我慢する」の4つでした。聞き取った内容を分析したところ、日本では、子どもたちはそれぞれが傷つきやすく、自己中心的であるけれども、幼い頃に身体的かつ精神的に、互いの近くにいるという経験をすることによって、きょうだいとして安定的で調和的な結びつきを形成するはずだと考えられていることがわかりました。

　「一緒」と「同じ」は、親の視点から見た、子どもたちの結びつきの様子を表す言葉です。子どもたちが「一緒」であることが重視されるのは、子どもたちが、幼く傷つきやすいという同質性を持っていると親たちが考えているからです。人間は本来、弱い生き物だからこそ、他者との近さを求めるはずだという信念もそこには読み取れます。これに対し「同じ」は、子どもたちが個人個人としてさまざまな能力を持ち、主体的に行動できる存在であるという側面に注目しています。「同じ」は、生まれた順番や性別が違っても、親にとっては同じ自分の子どもだという等価性が前提となっています。

　「譲る」と「我慢する」の2つのテーマは、幼いきょうだいが「一緒」であり、かつ「同じ」であるために、子どもたちがマスターすべき具体的な行動や態度を示しています。ここで「譲る」とは、自分に正当な権利があると思っても、きょうだいの立場やその場の状況を尊重して相手に従うことを指します。「我慢する」には2つの意味があり、1つは、自己中心的な欲望を自分でコントロールすること、もう1つは、きょうだいの自己中心的な欲望に耐える精神力を持つことです。「譲る」と「我慢する」は、いずれも子どもたちの間、そして家族間の平和と調和をもたらすことのできる、心理的な機能と考えることができます。

　では、4つのテーマのそれぞれについて、インタビューの内容を検討しながら、日本人の親が子どもたちに対して社会化しようとする文化的な価値やきょうだい関係の意味について考えていきましょう。それぞれのテーマを具

体的に社会化するために、親が取る行動やしつけの手だてについても紹介します。

第1節 「一緒」

①「一緒」の意味――きょうだいは1つ

　きょうだいの社会化における「一緒」とは、子どもたちが互いに信頼しあい、情緒的なかかわり合いを持てるようにという意図を持って、きょうだいたちが身体的な近さを経験できるように、親として行動することを指します。身体的な近さとは、服の着脱を手伝う、泣いているきょうだいを慰める、といった場面にみられるもので、2者間の距離が物理的に短いことを指します。服のボタンが上手くとめられなかったり、親に叱られて気持ちの切り替えが出来なかったりという場面は、子どもにはよくあることですが、「なにかが出来なくて困っている」立場にいる子どもを、そうでない立場の子どもが助けるように仕向けることが、きょうだいの情緒的なつながりを強める上で効果的だと考えられているのです。ここでは、子どもたちがお互いのサポートを必要とすると親が認識している背景には、人間とはそもそも弱く脆い存在であり、その弱さや脆さを補うための援助や支援を必要とするはずだという考え方が背景にあります。

　「一緒」の「一」はきょうだいの一体感を指し、この一体感には、身体的な面と精神的な面とがあります。この「一緒」のテーマは、日本側のデータを解析しはじめてから比較的早い時期に浮かび上がってきましたが、スーザン先生にその話をしたところ、「そのイッショというのは、心理的なワンネス（oneness）なの、それとも身体的なワンネスなの？」と聞かれ、大いに戸惑いました。両方を含むということを伝えると、彼女からは、それはそうだとしても、どのように両方なのか、ということを明確にするように求められました。これは大変なことになったと、プロジェクトの道のりの遠さを予

感したのを覚えています。インタビューでは、「一緒」という言葉が頻繁に使われていたので、それらを標本のようにたくさん集めてきて並べ、意味や文脈をじっくり検討したところ、例えば身体的な一緒が「ボタンとめ」だとすれば、心理的な一緒は「叱られて泣いているきょうだいを慰める」が当てはまることがわかってきました。

　また、さらにデータを読み比べていると、子どものころ、身体的に「一緒」に居たということをきょうだいたちが「記憶」していることが、大人になったときに、お互いに精神的な弱さを打ち明け、支え合う上で重要だと親たちが考えていることもわかってきました。子どものころにきょうだいに弱みをさらけ出せた経験があればこそ、大人になったときに互いに助け合えるというわけです。子どもたちがまだ幼く、影響を受けやすい時期にこそ、ひとつ屋根の下に住んで「一緒」を経験しておく必要があると親が考えるのはそのためです。

a　身体的な一緒

　身体的な近さと記憶について、インフォーマント（研究協力者）のひとり、佐知子さんは、兄である6歳の息子に、4歳の弟に手を貸してあげるようにと促す場面で、子どもたちがさらに幼かった頃の写真やホームビデオを見せると話してくださいました。

> 私が面倒を見てあげるのではなくて、弟ができないことをお兄ちゃんに、世話をさせたりとかはしますね。「お兄ちゃん、ちょっとやってあげて」って。それから、しきりにちっちゃいころのビデオとか写真を見せて、「こんなにかわいがってあげてたのよ、あなたは」って。こんなにお兄ちゃんなのよ、って持ち上げて（笑）。やっぱりお兄ちゃん、だから、弟を守ってあげて、可愛がってあげて、お兄ちゃんらしくなってほしいですね。

　和郎さんは、2人の男児を持つ父親ですが、きょうだいが大人になって、さまざまな困難に出会ったときに、子どものころ一緒に生活した記憶をたど

れるということの大切さを次のように話してくださいました。

> 遊ぶときは、お互いに対して、節度を持って楽しく遊ぶ、二人で一緒に勉強しろという時間は、二人とも静かに頑張って、集中しなさいとかいったことが私のポリシーですかね。あとは、どちらかが困っていたら、親に助けてもらうよりも、きょうだい同士で助け合うということをまず先にさせて、それでうまくいかないようだったら、親が助ける、というのが理想ではないかと思います。二人で困ったときに助け合うという経験を積ませて、お互いの記憶に残らせることは、大きくなってその記憶をたどれば、どこかできょうだい仲が悪くなったとしても、あんなこともあったなと思うことで、よりを戻せる。これから先、どういうことがあるかわからないですよね。家のことだとか、面倒くさいことたくさんあると思うんです。親が死んで、きょうだい仲が悪いと、孤独な人っていますんで、そんな不幸な人間をつくらないためにも、せめてきょうだいくらいは仲良くね。

漢字で「一緒」と書いて「いっしょ」と読ませるのが現在では一般的ですが、「一所懸命」という言葉に残っているように、以前は「一所」とも書いたようです（『明鏡国語辞典』ほか）。これは物理的に同じスペースにいる、という意味で、「身体的」な一体感にあたるものと考えられます。『広辞苑』によれば、一所懸命とは、日本の封建時代に、武士が領主から賜った一ヶ所の土地を大切に守ることから来ています。この一ヶ所の土地は、両者の主従関係と信頼・忠誠関係の証であり、さらにそれぞれの家の先祖代々から受け継いでいる場合には、血縁関係や伝統の継承もその意味に含んでいると考えられます。領地が、故人を含めたそこにまつわる人々の人間関係の記憶を可視化し、人のつながりをたどる拠り所ともなるように、子ども時代の写真やホームビデオは、きょうだいが幼少期に「一所」であったことの証となります。その事実が親によって言語化され、子どもたちの社会化に役立てられているのです。

b 情緒的な一緒

　日本側のデータからは、子どもたちがお互いの弱みをさらけ出せるのは、両者の間に身体的な一緒（一所）が成立していることが前提だと親たちが考えていることが示されました。一所懸命の一所は、領主と家臣という、社会的身分の違う2者間が契約を交わし、信頼関係を結ぶという意味が込められていましたが、現在一般的になっている「一緒」の表記に使われている「緒」の漢字には、「まゆの糸をつむぐときに、引き出してまとめるいとぐち」（『新選漢和辞典』、2003年、小学館）という意味があります。絹繊維は、単体では弱くデリケートなものですが、それをいくつかの繭から集めてよりをかけることによって、丈夫な絹糸が誕生します。これは、きょうだいの一人ひとりがいわば1本の絹繊維であり、きょうだいが寄り集まって支えあうことによって、強いまとまりとなることを暗示する、ひとつの比喩だと言えるでしょう。

　これは余談ですが、あるとき夫の母とトウモロコシの皮むきをしていると、義母が「シルク」について話しはじめたので、びっくりしたことがあります。よく聞いてみると、トウモロコシの穂のやわらかく、細い繊維が束になった部分のことを言っているのでした。義母いわく、その1本1本はコーンの粒につながっている、いわば「へその緒」みたいなものだそうですが、食べられませんから、ざっと取り除かれて生ゴミになります。トウモロコシの成長に大切な役割を果たしながらも、最後はあっさり捨てられてしまう、まるで人生の悲哀を体現するかのような部分にシルク（絹）という言葉をあてる感覚が、面白いような残念なような、複雑な気分になりました。

　興味深いことに、子どもの弱さを前提とした情緒的な一緒の大切さについて、最もはっきりと語る傾向にあったのが、異性のきょうだいを持つ親御さんたち、特に上の子どもが女の子、下の子どもが男の子の場合でした。以下は、8歳の女の子と4歳の男の子を育てる里江子さんのインタビューからの引用です。

　　朝、下の子が「ママ、ぶーぶーして」っていうんですけど、それは、ハイチェアーに座っているので、それをテーブルまで押してほしいって意

第 1 節 「一緒」

味なんですね。で、それを私が上の子に「あきちゃん！」って声かけて、お願いしてます。息子にとっては、これから大きくなっていく中で、だれか頼れる人がいるっていうことが心強いわけですよね、たとえばそれがお姉ちゃんだったりするわけですけど。これからの人生でいろいろあると思いますけど、なにか困ったことがあったときに、お姉ちゃんの顔がぽっと浮かぶっていうようになってくれたらいいな、と思います。もちろん、お姉ちゃんよりお友だちのほうが大事な時期もあると思うんです。でも、心の奥底では、お姉ちゃんが好きで、なにかあったときに、ああ、お姉ちゃんに話したいな、って思い出してもらいたいんですね。

　啓輔さんの2人の子どもたちは、同じく姉弟の組み合わせですが、子どもたちにどのようなきょうだいとしてのつながりを期待するかと尋ねたところ、ご自身のきょうだい関係について話して下さいました。啓輔さんは子どものころ、親の転勤で度々引越しをしましたが、弟さんが高校生のとき、せっかく勉強して入った高校を転校させるのが可哀想に思えて、親と引越しをせずに、弟と生活することを選択しました。啓輔さんにとってのきょうだいのつながりとは、弟とひとつの布団で並んで寝た記憶、そしてお互いの未熟さや弱みを知り尽くしていることから生まれるものです。

　私自身の話で恐縮なんですけども、私が子どものころ、親の転勤が多くて、よく引越しをしてたんですね。父親が東京に戻らなければならなくなったときに、弟が高校に入りたてだったもんですから、親から、可哀想だからお前が一緒に残ってやってくれないかって言われたんですよ。なんだか不公平だな、なんで俺が、って思いましたけど（笑）、でも私も確かに、弟が可哀想だなと思ったんで、一緒にアパートを借りまして、結局弟とは20年くらい一緒に住んだわけです。今でも、弟には頼られている感じがしますね。きょうだいって、ある意味で、夫婦みたいなもんでね。親密さが共通してるっていうのかな。お金持ちのことはわからないですけど、うちはお金がなかったんだか、私と弟は同じ布団で

寝てたんですよ。よく、弟に本を読んでくれって頼まれましたね。僕がうっかり寝ちゃうと、起こされて、続きを読めって言うんで、閉口したもんです。階段の上り下りを弟に教えたのも僕だしね！　言いたいのは、こういうあれこれをやることによって、お互いが親密になるんですよ。私と弟は、お互いの弱みを知り尽くしてますよ、正直言って、家内に知られたくないようなことまで全部知ってますから（笑）。友だちとは、そこまで洗いざらいは言わないですよね。きょうだいは、小さいときからとにかくずっと一緒で、隠しようもないですしね。

② 「一緒」を社会化する

　日本の親が考えるきょうだいの「一緒」の意味や重要性が明らかになったところで、では実際に親たちがどのようにその「一緒」を実現（＝社会化）しているかを見ていきましょう。ここで特徴的なのは、人間という存在が年齢や出生順位に関わりなく、本質的に弱いからこそ「一緒」に支えあうことが必要なのだということを、親が子どもたちに教えようとする点です。もちろん、親たち自身も「弱い人間」のなかに含まれており、家族全員がお互いに弱いところをさらけ出し、弱点をカバーしあうことの大切さも、「一緒」の社会化の大切な要素となっています。以下、４つの具体的な方法を紹介します。

a　寄り添うことを習慣にする

　日本の親たちは、きょうだいの「一緒」を育てるためには、きょうだいが文字通り「身近」である経験を生活の一部として習慣化してしまうのが確実な方法だと考えています。たとえば、きょうだいが一緒にお風呂に入る、一緒に寝る、着替えを手伝う、トイレに行くときに面倒をみる、といったことがその代表的な例です。身体を清潔に保ったり、必要な休息を取るといった、いわば生命の維持に不可欠な場面で、子どもたちをお互いに助け合わせるのです。こういった親の行動の裏には、年下のきょうだいが、年上のきょうだいの能力を認め、力を借りるという経験をさせておきたいという思惑があります。

第1節　「一緒」

　8歳の男児と5歳の女児を持つ信恵さんは、下の子どもが小さい頃は、トイレで用を済ませるときに、妹のおしりを拭くのを兄に手伝わせていたと話してくれました。子どもたちの祖母である信恵さんのお母さんは、「お兄ちゃんにそんなことをさせるなんて」と大変驚かれたそうですが、信恵さんは「けっこう上手に拭いてくれてました。今日のウンチはいいウンチでしたとか、ビチビチだったよ、お母さん、とか教えてくれたりして」とあっけらかんとお話されていたのが印象的でした。

　二人の女児の母親である道代さんは、下の子どもがトイレへ行くときに、自分の代わりに姉である上の子どもに手伝わせるようにしたところ、下の娘が姉を「小さいママ」と呼んだエピソードを笑顔で話してくれました。道代さんの表情からは、妹が姉を頼りがいのある存在として認識したことに対し、親として満足や喜びを感じていることが伝わってきました。

　次の英里子さんの例では、家族でお風呂に入った後の着替えを年上の子どもに手伝わせています。英里子さんの話しぶりから、このような親行動が「一緒」の形成において意図的になされていることがわかります。

　　できるだけ、真理奈（6歳）には、由梨菜（3歳）を手伝わせるようにしています。私自身がほかのことで忙しいということもありますけど、一緒に着替えなさいと二人にはよく言ってますし、由梨菜の服のボタンは、真理奈が留めてあげるように言ってます。前は、私も一緒にお風呂から上がって、体を拭いて、着替えさせてました。それが済んでから、私だけもう一回お風呂に入って、自分の体を洗ったりしてたんですけど、もう大きくなったので、拭くところまでは私がやって、あとは全部真理奈にお願いしてやってもらっています。真理奈はお姉ちゃんなので、妹に優しく、親切にしたいという気持ちを持ってほしいんです。お風呂だけじゃなく、トイレもそうですね。上の子が下の子をお世話する機会を、なるべく作るようにしています。

　「一緒」の形成においては、子どもたちの就寝形態を親がどのように選び取り、意味づけているかということも重要になってきます。日本人の親子や

きょうだいが、どのように寝ているか、またそのことが、家族内の人間関係とどう関わっているかについては、1960年代に、コーディルというアメリカの心理学者が調査をしたことが知られています。欧米では赤ちゃんに夫婦とは別の寝室を与え、哺乳瓶で粉ミルクを与えるのが当たり前だったため、母親が赤ちゃんと添い寝して、乳を含ませたり、親子が川の字で寝たりするという日本の習慣が、コーディルにはとても珍しかったようです。最近では篠田有子さんが、20年にわたる研究成果を『家族の構造と心——就寝形態論』（世織書房、2004年）という本にまとめられています。

私が行った聞き取り調査では、親が子どもたちを一緒に寝かせるのは、子どもたちが心細さや不安をできるだけ感じないようにするためだという理由がたびたび聞かれました。珠美さんには7歳を筆頭に3人の息子がいますが、この男きょうだいが「一つの布団で絡み合って」一緒に寝ている理由をお聞きしたところ、長男がひとりで寝るのを寂しがるから、という答えが返ってきました。日本語のインタビューは翻訳してスーザン先生に見せていましたが、男の子3人が腕や足を絡ませるようにして寝ていることはもちろん、「ひとりでは寂しいから」という理由づけに、文化の違いを感じたようでした。7歳ともなれば、カナダでは個室を与えるか、少なくとも2段ベッドの1つで寝るようにさせるのが一般的です。

次の引用では、太郎さんが妹と一緒に寝るのを嫌がる息子に対して、働きかけている様子がうかがえます。太郎さんは、「娘は寝相が悪いので」と、息子が嫌がる理由を理解していますが、それでも長男（8歳）をやや説き伏せるようにして妹（6歳）と一緒に寝るようにと促しています。これは「お兄ちゃんが自分と一緒に寝てくれない」ということを拒絶だと受け止めて、娘が傷ついてしまうのではないかという心配からでした。そこには、きょうだい間の身体的な近接性を実現することによって、娘（妹）の情緒的なニーズを充足させたいという親としての願望を読み取ることができます。

　　妹はときどき兄貴と一緒に寝たがるんですよ。だけど、お兄ちゃんはいつでも嫌がりますね。イヤだって。妹はにいちゃん、にいちゃんでいいんですけどね、兄貴のほうはこういうところがあるんで（相手を遠ざけ

第1節 「一緒」

ようとするジェスチャー)、だからね、「もうちょっと優しくしておいたほうがいいよ」というようなことを言うわけです。今ふたりがどう寝てるかっていうと、まあいろいろですね。気分ですね。一緒に寝てるときもありますし、「(最初は)一緒に寝てるけど、寝たらバラバラにするからね」とか言いながら、一緒に寝たりするときもありますね。

b 悲しいときに傍にいる

子どもたちのどちらかが、悲しい、つらい、困った、さびしい、不安だ、といったことを感じる場面は、「一緒」の社会化においてとても重要です。特に姉や兄がこのような心理状態になっている場面では、妹や弟が一緒にいて、励ましたり、慰めたりすることにより、年下の子どもでも、年上の子どもの力になれるということを教えられる、またとないチャンスだからです。兄や姉がケガをしたとき、そして親に叱られて泣いたり、ふてくされたりしている時、という2つのシチュエーションが、「一緒」を社会化する絶好のチャンスの例として挙げられました。

たとえば、英里子さんは上の娘がちょっとしたケガをしたとき、下の娘に、「一緒に心配してあげて、お姉ちゃんを慰めてあげて」と話しています。雅彦さんは、下の息子が腕を骨折して救急病院に行ったものの、長く待たされたときに、上の娘に対し「今、拓くんはとても心細い気持ちでいるから、できるだけ一緒にいてあげなさいね」と話しかけたといいます。

もうひとつの代表的な場面は、親の叱責です。親に叱られるということは、一時的に親から情緒的に切り離されることであり、子どもにとっては心細い経験です。葉子さんが、5歳の娘を叱ったあとで、3歳の娘を姉のところへ行かせるという状況をどのように作り出しているか、見てみましょう。

> 美加(5歳)は、私に叱られると泣いて、部屋に閉じこもってしまうんですね。ママが怒ってる、ってしょんぼりしちゃうんで、下の子(由加、3歳)に「お姉ちゃんのところに行って、よしよしってしてあげてね？お部屋でひとりで泣いてるから。あなたたちがケンカしたから、みかちゃんはママに叱られたのよ」って言いました。そのころには、お姉ちゃ

んも妹のせいで叱られたことは忘れてて、由加が来てくれると命の恩人なんです（笑）。「ゆかちゃん、来てくれたのー」とか言って、抱き合ったりしてます。下の子を叱る時も、だいたい同じような感じですね。美加には「ゆかちゃんのところに行って、一緒に遊ぼうよって言ってあげたら？」とか、言いますね。子どもたちには、困ってる人がいたら、優しく声をかけてあげられるようになってほしいです。

c 外で守りあう

きょうだいが、家の外でお互いを守り合うという行動をとることも、「一緒」の社会化の方法として示されました。このような機会を通じて、子どもたちは身体的にも情緒的にも一緒であることを経験することができます。学校への行き帰りや、親と買い物に出かけて、ショッピングセンターや駐車場の中を歩く、公園で遊ぶ、友だちの家で遊ぶといった出来事は、家の外で活動するという点で一定の危険性を持っているため、子どもたちもやや緊張し、不安を感じやすくなります。そのため、きょうだいが身体的に近くにいるということの意味は、家の中にいるときよりも明確になるのです。功さんは、子どもたちが公園で遊ぶとき、滑り台の一番高いところでは、遅れがちになる妹（3歳）を待ってあげるように姉（6歳）に教えることで、きょうだいが外で一緒にいることの大切さを娘たちに伝えています。

インタビュー調査からは、身体的に、また精神的に、年下の子どもが年上のきょうだいから守られるという経験をすることによって、年長のきょうだいに対して従順になり、兄や姉として相手を重んじるという、年下のきょうだいとしての責任を理解することも期待されていることがわかりました。毅さんは、以下の引用のなかで、子どもたちが学校へ通学することについての親子のやりとりについて語っています。きょうだいに対する責任や立場について理解してほしいという毅さんの期待が、兄である年上のきょうだいだけではなく、年下のきょうだいにも向けられていることがわかります。

学校へ行くときは、私がふたりを車で送っていくんですが、門のところで子どもたちを降ろしたあとは、隆（7歳）に恵梨香（4歳）を教室まで

ちゃんと送り届けるようにと言ってます。隆はお兄ちゃんなんだから、恵梨香の手をつないで行くんだよと。友だちの顔を見れば一緒に遊びたくなるだろうけども、それはだめだよ、と。ちゃんと恵梨香と手をつないで、お互いに手を握って、だって恵梨香はまだ小さいんだからねって。隆には、妹が弱くて、ひとりでは教室に行けなくて困ってて、だから自分が助けてやらなきゃいけないんだ、ってことを分かってほしいんですね。恵梨香のほうには、それを当たり前だと思わないで、お兄ちゃんがしてくれることに感謝してほしいと思っています。

d 親だって弱いと教える

　カナダ人と日本人の親の比較については、第4章で詳しく述べますが、親であってもひとりの人間であり、その意味では弱い存在であるというメッセージを親が子どもに対して発信するという現象は、日本に特有であると言うことができそうです。日本人の親は、子どもたちの弱さと大人である自分たちの弱さを同等に捉えていました。その意味では、一緒を必要としているのは、きょうだいだけではなく、親子や家族でもあります。

　父親と母親を比較すると、親の弱さ、脆さを子どもたちに開示することの重要性について、よりはっきりとした形で表現したのは、母親たちのほうでした。二人の息子の母親である文子さんは、ときどき感情的になって、「子どもたちと一緒に泣く」ことがあると述べています。それは具体的にどんな状況でしたかという私の質問に、文子さんは、友だちと遊びに出かける時間が迫っているのに宿題をやろうとしない子どもたちに業を煮やして、物置にしている地下室に二人を閉じ込めたときのエピソードを話してくれました。

　地下室は、カナダの住宅ではよく見られます。文子さんは、子どもたちを懲らしめるため、毅然として行動しようと努力したものの、息子たちがしくしくと泣き出したのが聞こえて、不安になってしまったのでした。地下室のドアを開けてあげた時、文子さんは息子たちに対して、お母さんも心細かったのよ、と打ち明け、子どもたちの前で泣いたそうです。地下室に子どもを短時間入れて「お仕置き」とするのは、日本で言えば、家から閉め出したり、押し入れに閉じ込めたりするのとほぼ同じ意味になると考えられます。

ところで、このエピソードを論文に書いたとき、忘れられない出来事がありました。これが児童虐待ではない、と言えるのかどうかについて、スーザン先生から私の判断を問われたのです。少なくとも私が子どもだった1970年代は、このようなしつけ行動は特別珍しくはなく、当時の私から見て少し上の年代であった日本人の親御さんたちも、ほぼ同じような経験をして育ってきていると推測できます。私が小学生のころ、弟が母親から何事かで叱られているのを見ていた私は、弟のちょっとした仕草がコミカルだと感じてクスッと笑ってしまったのですが、それを見とがめた母が怒って、弟と私を二人とも家から閉め出したことがありました。家の中に入れてくれと二人で大泣きしていたときに、ご近所の方が虐待を疑わなかったと断言することはできませんが、子どもが叱られるほどのことをしたのだろう、そのうちに家に入れてもらえるのだろう、と思われていたのではないでしょうか。

　しかし、私を含めた日本人にとっては「よくある話」であっても、スーザン先生にしてみれば発達心理学者としての見地からも、二人の子どもを育てた親としての経験からも、この地下室のエピソードは見逃せないものでした。どこからが虐待で、どこまでがしつけか、といった物事の許容範囲の理解に文化の違いが表れることを実感として知ったのが、まさにこのときでした。私は彼女の指摘を受けて、文子さんやその夫である父親のインタビューを繰り返し読み、文子さんに実際にお会いしたときの印象などを考え合わせても、文子さんの行為が虐待であるとは言えないと総合的に判断して、スーザン先生に説明し納得してもらいました。

　里江子さんのインタビューからも引用してみましょう。彼女は、親も弱さを持ち、不完全な存在なのだということを、子どもたちに理解してほしいと考えています。親が積極的に「弱み」を開示することが、しっかりした子どもを育てる秘訣であるという親の信念が語られています。スーザン先生はこれにも驚いたようです。子どもに対する親の威厳が損なわれてしまうと彼女は感じたのです。

　　やっぱり親は完全じゃないし、どんなに強がっていても、やっぱり人の
　　助けを借りてる、っていうのも教えたいし。子どもだって、親を手伝う

> ことができるし、私たちも頼りにしているんです。たとえば親が病気になったときなんかは、そういうことを教えるのにすごくいいチャンスだと思うんですね。具合が悪いときなんか、頭が痛くてこれはできないとかっていうと、子どもはよく動いてくれるし、そういうことによって、ああ、お母さんもできないときがあるんだ、とか、親も弱いときがあるというか。ただ、なかなか私が弱くなることはないですね。もっと上手に弱いところを見せたらいいと思うんですけど。やっぱりしっかりした子どもを育てるには、親がしっかりしないことだと思います。ほんとにそれはつくづく思いますね。

　自分が不完全であるということを子どもの前で認めることの必要性は、父親たちからも聞かれました。竜也さんは、息子から新しいおもちゃをねだられたとき、次の誕生日まで待ちなさいと説得しようとしたものの、結局子どもの要求に屈して財布を開いてしまいました。それは親である竜也さん自身が、そのおもちゃを欲しくなってしまったからだというのがご本人の弁でした。竜也さんは「私は、自分の子どもと同じくらい、遊ぶことが好きで、自己中心的なんです」と言ってはばかりませんでした。意志の弱い親であることについて、一種の開き直りや諦念が見え隠れしています。

　義男さんは、妹が姉の持ち物を壊したり汚したりしてしまったときには、妹と一緒に姉に謝って「ごめんなさい」を言うという話をしてくれました。義男さん自身が悪いわけではないのに、子どもに頭を下げるのはなぜですかと聞いたところ、義男さんの理由は、姉の持ち物を妹に使わせるということについて、親としての判断を誤ったから、という答えが返ってきました。

> 麻耶（7歳）が自分のものを貸したがらないときは、美歩（4歳）におもちゃを壊されるんじゃないかと心配していることが多いんです。だから、美歩には、「絶対にイタズラ書きをしないでね」とか、「濡らさないでね」とか、トラブルが起きないように手を打ちます。貸すための条件をはっきりさせて、ちゃんとわからせるためにですね。ですけど、子どもっていうのは、言った通りにはどうしたってできないものなんで、あ

とになって、あぁ、やっぱり落書きしちゃった、とか、水につけちゃったとかなんとか、そういうことになるわけですよ。そういうときは、私が上の娘に謝ります（はっきりとした口調で）。（驚いた私を見て）もちろんですよ、だって私が間に立って条件を設定したわけですし、起きてしまったことは私の責任ですからね。「悪かったね、お父さんが貸してあげなさいって言ったから、こういうことになっちゃったね」と言いますよ。そういう時は、下の子にも私と一緒に謝らせます。「パパがお姉ちゃんに謝るから、あなたも一緒にごめんなさいしなさいね」、と言います。ただね、将来的にはわかりませんよ。二人が大きくなれば、アクセサリーとかなんとか、そういう壊れやすいものの話になるでしょうし、そこで私が一緒にごめんなさいと言ったって解決にはなんないでしょうから。まあただ、今はそれで済むということです。

　引用の最後の部分で、義男さんは、「一緒にごめんなさいをする」というケンカの解決方法が有効なのは、子どもたちが小さいうちだけ、という留保をつけています。これは大変興味深い点です。「一貫性（consistency）」を重視する北米の文化から見ると、同じ子どもであっても児童期と思春期では対応を変える、という義男さんの親としての発言は、現実的な意味では理解できても、理念的には受け入れ難い面があります。

　しかし、義男さんの発言を場当たり的で、無責任だと決めつけてしまうのは、明らかに一面的すぎる見方です。私は義男さんの言葉を繰り返し読むうちに、「ゆく河のながれは絶えずして、しかも、もとの水にあらず」（『方丈記』冒頭）あるいは「月日は百代の過客にして、行きかふ年も又旅人なり」（『奥の細道』冒頭）といった、高校の古典の授業で習ったフレーズを思い出しました。なにごとも同じではありえない、という無常観や、生きることはいわば時の流れに身を任せることであって、すべては現世ですれ違う旅人にすぎないという世界観は、子どもの健康と成長を何よりも願う親の心理とは一見かけ離れているようですが、案外こんなところに顔を覗かせていると言えないでしょうか。

第2節 「同じ」

①「同じ」の意味──きょうだいは似て非なる存在

　「同」という漢字は、複数の「口」が同じ覆いの下にある様子を表しているそうです（前掲『新選漢和辞典』、小学館）。「同じ」という日本語は、ごくありふれた言葉でありながら、きょうだいを育てる親にとっては、重要な意味を持っていることがわかりました。きょうだいが「同じ」であるということの意味とは、子どもたちが似た性質や価値観を持ちながら、あくまでも異なる人格を持つ唯一無二の存在だということです。親は、子どもたちがそれぞれの個性を持ちながらも、きょうだいとなれるように願い、選択的に行動することによって、きょうだいの間に「同じ」を実現しようとしています。

　「同じ」は、「一緒」と補いあうような関係にあります。「一緒」は、子どもたちがひとりでは弱いために互いを近くに必要とすることが前提になっていますが、「同じ」は、子どもたちそれぞれが持つ強さや能力、可能性に焦点をあてているからです。さきほどの絹糸の比喩を使うならば、一本一本の絹繊維は、成熟した蚕によって渾身の力で吐き出されたということが重要なのです。子どもたちの強さとは、自立心、自負心、負けん気、自分の意志を通そうとする力などを指しています。

　親たちは、子どもたちの人格やアイデンティティが異なることを承知した上で、異なっていながらも、お互いにつながっていられるようにと願って、子どもたちの間に一定の共通性や共通項が存在するようにさまざまな配慮をし、工夫を重ねていました。そのような親たちの努力を象徴的に表しているのが、子どもたちの「名づけ」の慣習です。女の子同士のきょうだいに特によく見られたのは、姉妹の名前が韻を踏んでいるか、あるいは音の数が同じ（みな、りな、かな、等）になっているという、まるで詩を思わせるような特徴でした。きょうだいが異性の場合は、「優」と「勇」という異なる漢字を

女児と男児で使い分けつつ、同じ「ゆう」という音で読ませるといった例がありました。以下は、3人の男児を持つ珠美さん（仮名）の言葉です。

> 子どもたちは、たまたまきょうだいだけど、ひとりひとり面白い人物に育ってほしいっていうのがありますね。きょうだいだから、関わりあって、人格も形成されちゃうけど、だから、名前を全然違ったタイプにしたんです。関連してないでしょ？ 関連してないけど、みんな名前に「王」がつくんですよ。これは、宝石とか玉の意味があるんですね。息子たちの名前は全部私がつけたんです。3人目のときはネタつきちゃったんですけど、琉って言う字を日本で漢和辞典見てもらって、青い玉って意味があるよっていうので、じゃあそうしようって。私の名前は珠美っていうんですけど、これも玉っていう意味なので、みんな宝石関係、キラキラ光ってるの。ひとりくらい宝石商になるかもね（笑）。そういう意味があって、名前もバラバラで。バラバラでいいけど、きょうだい仲良くね。

　子どもたちの名前が、全く関連していないと言いながらも、同じ部首を持つ漢字を含んでいる、という珠美さんの説明には、興味深い矛盾があります。文化心理学では、人々の言葉に含まれる「矛盾」にこそ、真実への糸口が隠れていると考えます。これは、それを示す良い例でしょう。3人の子どもが、3つの異なる宝石のように、それぞれ個性を持ち、互いに違っていながら、宝石同士という共通性を持っているという珠美さんにとっての理想のきょうだい像が浮かび上がってくるからです。
　きょうだいである子どもたちに、共通点を持たせたいという親たちの希望や意図は、比喩としても表現されました。文化心理学では、たとえ話などの比喩を丁寧に読み取ることも重要視されます。ここでは、二つの印象的な比喩を紹介しましょう。1つめの比喩では、父親が姉妹であるきょうだいを、同じ土俵に立つ相撲の力士に喩えています。

> たとえば料理にしましょうか。彩香（5歳）がやっと包丁使えるように

なって、カタカタやってるとしますよね。そこに下の子（3歳）が来て、「私も手伝ってあげるよ」と言い出したら、困っちゃいますよね。まだ包丁使えないんだし、邪魔になるからね。でも、女の子同士で興味があったら、やっぱり入りたくなるだろうしな。どうしたらいいんだろう（少し考えて）。真似事をさせるかな。かたや本物の包丁で、本物のきゅうりを切ってる。かたや、ままごとセット、隣に用意して、包丁は使わせなくても、似たようなこと、料理はさせる。エプロンつけて。それは、本人がやりたいっていうから、同じようなことやらせるだけであって、もしもやらせなくて済んだんだったら、絵本読ませたりとか、ビデオ見せたりとかってことになりますけど、同じことがやりたいから、っていうので、仕方なくそこに立たせてるって感じかな。同じ土俵の上みたいな、同じようなことをね。フリをさせてるだけですけど。

　力士といえば、体力、腕力、精神力など、力強さを象徴する文化的な記号であり、勝負事の世界でたくましく生きる強い人間という意味が読み取れます。土俵は、力士にとっては、取り組みという活動を展開するための共通の空間です。ここで、女きょうだいである娘たちを同じ土俵に立たせたい、という言葉で表現されたのは、年齢や成熟度は違っても、せめて条件は平等にしてやりたいという父親の希望です。女人禁制が守られている国技館などの大相撲の土俵の事情を考えれば、娘たちには女性をとりまく社会的制約を超越して生きていってほしい、という親としての願いが隠されているのかもしれません。

　2つめの比喩も、二人の娘を持つある父親が語ったものです。ここでは、子どもたちが大きさも形もよく似た2つのドングリに喩えられています。この比喩表現から読み取れるのは、子どもたちが同じ種別の生物体として、遺伝的情報をほぼ共有しているということと、地面に落ちて芽吹けば、それぞれがしっかりと根を下ろして、自生する樫の木になる可能性を共通して持っているということでしょう。この2本の樫の木は、隣り合って育てば、お互いに支え合うことが出来て理想的だとも付け加えられているので、「一緒」のテーマとの重なりが感じられますが、太陽を浴びてまっすぐに育つ樫の木

は、弱さではなく生命力を意味しています。これが「同じ」の特徴です。

> 子どもたちには、ちゃんと自分の足で立てるようになってもらいたいと思ってます。基本的に、きょうだいがいるってことは、それ自体がものすごいアドバンテージ（有利な状況）なんだと思うんです。いつだって、遊べる相手がいて、コミュニケーションを取れて、競争だってできるんですから。ふたりの違いはいろいろありますけど、ものすごく違うことはないですし、扱いに困らない程度の違いっていうんですかね。いま３歳と５歳ですけど、これからずっとお互いに切磋琢磨しあって、同じような背丈のだれかに励まされて育っていくってことは、彼女たちにとってとても大事なことだと思います。ふたつのドングリが、高さを競い合うみたいな状況っていうのは、子どもたちには理想的ですよ。ひとりっ子っていうのは、温室のなかで育つようなもので、完璧に育つかもしれないですけど、手をかけられすぎてしまうでしょ。早く大きくなろうとしすぎて、成長のバランスが崩れるというのかな。きょうだいがいないと、自分と比較できるのは親しかいないわけだけど、親は自分より全然背も高くて、ずっと年も上なわけですから。

きょうだいの間に共通性を持たせ、「同じ」にしようとする親の努力は、同性のきょうだいの場合の方が顕著に見られましたが、異性のきょうだいの場合にも、「同じ」の社会化が見られます。多美子さんは６歳の息子（兄）がおもちゃを貸してほしいと妹にねだられた時、「これは男の子のおもちゃだからダメ」と断ろうとしたエピソードを挙げました。このような状況でまず親が取る行動としては、おもちゃを貸すように兄を説得するか、妹に対し、別のおもちゃで遊ぶように促すかのどちらかが考えられます。多美子さんは前者を選ぶと答えましたが、その理由は「下の子は、いつもお兄ちゃんと同じことをしたがるし、似たような遊びをするのが好きだから」というものでした。兄と妹が同じおもちゃで遊ぶ、という経験をさせておきたいという社会化の意図が読みとれます。

姉と弟の組み合わせでも、「同じ」の社会化がみられます。里江子さんは、

第 2 節 「同じ」

　4歳の息子が「お姉ちゃんみたいになりたい、きれいになりたい」と言って姉がハロウィーンの仮装で着たドレスで外出しようとしたので戸惑ったそうです。他人から変だと思われそうだということと、女装が好きな大人になってしまったらどうしよう、という不安があったといいます。けれども、変かどうかは自分で決めればいいのではないかと思い直し、息子にドレスを着せることのほうが大事だと考えたそうです。つまり、弟も姉と「同じ」にしてあげたということになります。里江子さんはそのほかにも、弟が姉の人形で遊んだりすることに対して寛容であることを心がけているそうです。「性差って、ホルモンの違いとか多少はあると思いますけど、ほとんど環境っていうか、社会から押し付けられるものですよね。このまま同じように育てていったら、ふたりがどうなるのか、楽しみです」と里江子さんは少しいたずらっぽく笑っていました。

　②「同じ」を社会化する

　複数の子どもを、「似てはいるけれども同一ではなく、共通性を持ちながらも互いに異なっている」ように育てるということは、実際には微妙なバランス感覚を求められます。さじ加減を間違えれば、子どもたちの個性や自我がそれぞれ突出しすぎて、互いのつながり（「一緒」）を失ってしまうという心配も生じてきます。ここでは、「同じ」を社会化する具体的な3つの方法を紹介します。1つめは、きょうだいゲンカのすすめ、2つめは「ほかのみんな（家族）も自分と同じ」なのだと子どもにわからせること、3つめは、公平や平等といった、社会ですでに認知されている共通な価値を子どもたちに適用するという方法です。

　a　きょうだいゲンカは自己表現のうち

　きょうだいに仲良く遊んでいてほしいと願う親にとって、きょうだいのケンカは騒々しく、イライラさせられるものです。仲裁すべきなのかどうかという判断も迫られるため、親にとっては落ち着かない気持ちにさせられます。きょうだいゲンカの話題は、日本の親たちからもカナダの親たちからも、頻繁に出されるだろうということは予想できました。ですからインタビ

ューでは、文化によってきょうだいゲンカに対する意味づけや親としての対処方法にどんな違いや共通点があるのかということについて、ぜひ明らかにしたいと考えていました。

結論からいいますと、社会生活において、非常に重要なコミュニケーションスキルである「紛争の解決」という技術を子どもたちが学ぶ上で、きょうだいゲンカが格好の練習場所となるということについて、日本とカナダの親たちは、共通した考え方を持っていました。その一方で、きょうだいの日常的なイザコザや意見の相違を「どのように」解決すべきかという点については、日本とカナダでは親の考え方に違いが見られました。

日本側のデータから読み取れたのは、「譲る」そして「我慢する」という2つの社会化のテーマがケンカに最も関連が深いということでした。これに対し、カナダ側からは、「やっかいなことをうまく処理する」という意味を持つ、dealing with problems という英語表現がテーマとして浮上してきました。この「deal with」というフレーズは、北米圏では好んで使われる日常語で、私も留学生活でよく使いました。面倒な事態に直面して、そのことにイラ立ちながらも、できるだけ感情的に振り回されずに、理性的に行動することで局面を打開する、というニュアンスを持っているので、この言葉を使うと、思い切りのいい、決断力のある人間になれたような気がしたものです。

日本の親たちはきょうだいゲンカがなぜ「同じ」の社会化に役立つと考えているのでしょうか。それは、幼いきょうだいが言い争ったり、取っ組み合いをしたりすることが、自分の否定的な感情をどう表現するかを学習したり、自分の意見をきちんと言うということの練習になると考えていたからです。きょうだいがケンカやぶつかり合いを通じて、それぞれ学ぶべきことを学び、成長するようにと期待することは、「同じ」の社会化だと言えます。学校や地域社会といった公の場では、子どもも場に応じた振る舞いを期待され、それは時にはプレッシャーともなりますが、きょうだいの間にはそのような気遣いはありませんから、子どもたちが最ものびのびと自分らしく行動することができます。それこそが、きょうだいゲンカの利用価値です。

多美子さんは、ふたりの子どもたちがどちらも「内弁慶」で、お互いに対

しては言いたい事を言い、強く自己主張ができるけれども、外では大人しすぎるということが気になっています。ここでは、子どもたちを「弁慶」という伝説的なカリスマ武士になぞらえていることから、彼ら彼女らが相当のパワーや能力を持っているはずだと多美子さんが信じていることがうかがえます。多美子さんがきょうだいゲンカに期待するのは、ふたりが角を突き合わせることによって、「外弁慶」に近づくことと言えるかもしれません。

> やっぱり家の中と外っていうのはふたりともわきまえてるというところはあるんで、家に帰ってくるとそれなりの甘えだとか、自分の自我だとか、素直に出せるような感じになりますね。ふたりとも、どっちかっていうと、内弁慶なんですね。なので、お互いにこう、ばあぁーっと出し合って、ケンカして、それもまあ、いいんじゃないかと思うんですけどね。素直に出せればね。社会に出る前に、その準備として、今そういうことができるようになっておいたほうがいいと思うんです。きょうだい同士だと、自分の欲望とか感情とかを抑えたりはしないですよね。上の息子が妹とケンカするのを見てて思うんですけど、もし同じことを友だちにされたら、ケンカの種にはならないようなことが多いんですね。それは妹に対する甘えでしょうね。きょうだいに対しては、怒ったりして、感情を発散させられるということは、すごく大事だと私は思います。

b 自分とは家族のなかの一部分

「同じ」の社会化においては、きょうだいが一人ひとりの子どもとして持っている力を親として十分に伸ばし、育てることが、大切な要素になっています。子どもたちが、自分らしく、自立して生きていけるように、という親の願いが表れていると言えるでしょう。「自分」という言葉は、人間の顔の中心である鼻を表す「自」という漢字と、ある1つのまとまりを刀で2つに分割するという意味の「分」という漢字が組合わされています。いくつかの「自分」が集まれば、1つの集合体（共同体）が形成されるという前提のもとに成り立っている言葉だと考えられます。

「同じ」の社会化においては、親たちは「みんな（皆）」という言葉を使い

ながら、子どもたちが「自分」以外の家族のメンバーに配慮するように求め、子どもたちがそれぞれ「自分勝手」にならないように教えようとしています。「皆」という漢字は、冠である「比」の部分が、同等のステータスを持つ人々を表し、「白」の部分は「同時に喋る」という意味を持っています（『新選漢和辞典』）。私も子どものころは、自己主張やわがままが過ぎると、「自分だけが良ければいいの？（他の人の気持ちや立場を考えなさい！）」とよく親に叱られたものです。親は、きょうだい、家族、友人のグループなど、子どもたちが所属する共同体のメンバー（他のみんな）も、同じような欲求やニーズを持つはずであるということを子どもに教えながら、子どもが「自分」を形成し、社会に適応していくことを望んでいるのです。

インタビューからは、おもちゃを共有したり、おやつなどの食べ物をきょうだいの間で分けるという経験を親たちが重視していることが明らかになりました。ただしその「分け方」には、日本流とカナダ流があるようです。スーザン先生は、きょうだいにモノを「シェア」させるという親の子育て行動を研究しています。彼女が1999年に発表した論文のタイトルには、"Share with me!"（貸して！）"No, it's mine"（私のだからダメ！）という、子どもたちのお決まりの文句がそのまま使われています。アングロサクソンの文化圏では、ケンカの原因になっている「モノ」が誰の所有物かということが重要ですから、親たちはそれが「誰のモノ」なのかを確認し仲裁の判断に取り入れながら「正義」の社会化を進めます。しかし同時に、限られた資源を共同体で分け合う（シェアする）という「ケアの精神（思いやり）」も教えようとしていることにスーザン先生は注目しました。「ケア（思いやり）」と「ジャスティス（正義）」というシーソーのバランスをとりながら、きょうだいゲンカを収めようとしているのです。スーザン先生の研究は、コールバーグやギリガンといった心理学者による、道徳性の発達に関する理論を発展させたものです。

日本の親もきょうだいゲンカを仲裁するときには、誰がもらったお菓子なのか、誰の誕生日に買ってあげたおもちゃなのか、ということを意識しています。けれども「自分のものはみんなのもの」というルールを家庭の中で徹底することによって、きょうだいがおやつを分けあったり、時間を決めてお

第2節 「同じ」

もちゃを交代で使ったりするという経験をなるべく多くさせたいと考えていることもわかりました。「私のだからダメ！」という西洋流の正義ではなく、「みんなで」という大義のもとに分けるのが日本流なのです。朝子さんのインタビューから引用してみましょう。

> これはだれのもの、とかは、一応決めてます。でも、家にあるものは、みんなのものだから、というふうにしてますけど。大人のものと子どものものは区別して、あとは、おもちゃなんかは、だれだれちゃんの誕生日で、だれだれちゃんにあげるんだけーれーどーもー（ゆっくりと強調して）、みんなで使えるようにしてね、って。家に置くものは、みんなのものだっていうふうに。おもちゃっていうのは、子どもみんなで遊んでいいんだっていうふうなことは、よく言います。

この言葉から、朝子さんが「みんな」という言葉を使うことによって、所有権がだれにあるかにかかわらず、きょうだいができるだけ同じものに同じだけアクセスできるように仕向けようとしていることがわかります。朝子さんに「子どもたちはなぜ、モノをめぐってケンカするのでしょうね？」と質問してみたところ、「同時に、同じおもちゃを面白いと子どもたちが感じたからでしょう」と説明してくれました。おもちゃが「みんな」の共有物であるということが子どもたちの間で了解されていれば、「同じものに同時に」関心が集まり、相互のやりとりが発生する可能性もそれだけ増えます。そのような可能性を生じやすい環境を家庭に作り出すことで、朝子さんは「同じ」を社会化しようとしていたのです。

家族が一緒に食事をするというシチュエーションも、「同じ」の社会化に有効だと親たちは考えています。久実子さんのインタビューから引用してみましょう。

> 3歳くらいって、一番、自分のもんは自分のもん、ひとのもんも自分のもんなんで。一応全部自分のもんじゃないっていうのを認識するっていうかね。ほんとに放っておいたら、何でもかんでも自分のものにしちゃ

うし、全部食べちゃったりするんで、そうじゃないよっていうのをやっぱりわからせるというか。理想は、食卓に大盛のお皿をどん、どんと出しておいて、自分の好きな分だけ取るとか、「お父さん取っていい？これ取っていい？」とかって言いながら、できればいいなと思って。お誕生日とか、ごちそうがいっぱい並ぶときには、お父さんに取り分けてもらったりとかっていうのは徐々にはしていますね。

　食事の場面で、「自分」は「みんな」（家族）のためにどんな貢献ができるのか、ということを子どもに考えさせる社会化の例を、さらにいくつか紹介しましょう。早苗さんは、台所へおやつを取りにくる上の息子に、かならず妹の分のお皿も出すようにと声をかけているそうです。その理由は「自分のことだけでなく、他の人のことも自然に考えられるようになってほしいから」ということでした。ここで大切なのは、きょうだいのおやつの準備もする、ということには、「あなたがおやつを食べたいのなら、きょうだいも同じように思っている可能性が高い」という前提（理由）があることです。子どもたちも一定の年齢になれば、そのような前提を受け入れているので、きょうだいのお皿を出すように言われれば、面倒には思うかもしれませんが、「なぜ？」と不思議には思わないでしょう。子どもたちは幼いときから「きょうだいを含めたみんなも、あなたと同じですよ」というメッセージを聞きながら、それを当然だと考えるように育てられて（つまり、社会化されて）いるからです。そのような社会化の手だては、次の毅さんのコメントにもよく表れています。

　　これはきょうだいだけじゃなくて、家族全員なんですけれども、自分のことだけをするんじゃなくて、たとえば自分の飲み物をね、みんなでご飯食べてるときに、自分がノド乾いてるからお茶を取りに行ったときに、自分の分だけ取ってくる、ということじゃなくて、やっぱりみんなにしてあげるというか。自分がしたい、ということは、他の人も望んでる可能性があるということで、そうやってみんなのことに気を回せるような、そういうふうな人間っていうか、性格になってもらうように。そ

ういう自分だけのことをしてる場合には、口で言って、こういうときは他の人も飲みたいかもしれないから、持ってきて用意するようにとか、そういうようなことは言いますね。

　私はカナダで、1歳から7歳までの間に3人の子どもがいる家庭で1年間のホームステイをしたわけですが、きょうだいのひとりがおやつを出して食べたり、食事中に自分の分だけ飲み物を取りにいくというシーンは珍しくありませんでした。親たちが特にそれを問題にするということはなかったのが印象に残っています。きょうだいの分も用意してあげなさい、と言うこともありましたが、そのときは、そのきょうだいがおやつを欲しがっている、という事を親が確実に把握している場合に限られていました。親が直接子どもに対し、同じようにおやつが欲しいかどうかを聞いて確認した上で、きょうだいに「お皿をもう1つ出してあげなさい」と促すのです。
　カナダの親たちにインタビューした結果、それは一般的な親の行動といえそうだという結論に至りました。おやつに限らず、「頼まれなくても」きょうだいの欲求やニーズを「先回りして考えて、行動する」ことをカナダの親たちが子どもたちに期待しているという声は、聞かれなかったのです。カナダの親たちは子育ての前提として、何かが欲しいのならば、他人に頼らず、子ども自身がそのように自分で周囲に働きかけることができるはずだ、と信じていますし、そうあるべきだと考えているのです。ここにも日本流とカナダ流の違いが見られます。

c 叱るときは同じルールで

　赤ちゃんに社会のきまりを覚えさせ、集団の一員として生きられるように育てるということは、当然ながら長い時間と忍耐を必要としますから、親が子どもを時には厳しく叱るということも起こります。ここでは、きょうだい間に「同じ」を社会化するため、子どもたちを「同じルールで」「同じように」叱る、という親たちの姿勢について見てみましょう。ここでは「共同責任性を敷く」、「相手に『恩』を着せない」という2つのルールを紹介します。
　きょうだいに共同で責任をとらせることについて、里江子さんは、子ども

たちがおもちゃで遊んだあとのお片づけの場面を例に挙げました。おもちゃは、それぞれ所有者が決まっており、子どもたちは自分が遊んだおもちゃだけを片付けようとするのですが、里江子さんは「2人で片付ける」というルールを徹底することによって、お片づけという1つの仕事に同じように子どもたちを参加させることが大切だと考えていました。

> 出しっぱなしのおもちゃを、どうしてもここは2人で、仲良く片付けてほしいというようなときには、「おもちゃさんは、みんなおうちに帰りたがっているよ。使ってくれた人たちが、大事にしまってくれたら嬉しいんじゃないかな？」というような言い方をしますね。だいたい自分が使ってないとか、自分は出してないとか言うんですけど、そんな時も、ふたりで持っていってくれたら、いい気持ちで眠れるんじゃないかなとかいうと、こんな小さなおもちゃをふたりで持っていったりとかね（笑）、非常に時間のかかる作業なんですけどね。私がやれば一瞬で終わるところをね。

　きょうだいが関わったいたずらや、少しエスカレートしてしまったようなケンカについて、「ケンカ両成敗」の原則で叱りますと話してくれたのは、お父さんたちでした。登さんは、兄と妹のケンカについて、兄が悪かったとしても、妹にも少しは悪いところがあったはずだと言います。毅さんによれば、ケンカが起きるのは「どちらの子どももわがままに振る舞い、協力して物事を成し遂げようとしなかったことが原因」ですから、両方の子どもがお目玉をもらうのが当然ということになります。

　二人の息子を育てる竜也さんも同じ意見です。竜也さんは、きょうだいがケンカについて共同責任（竜也さんの言葉では「連座制」）を問われることは、親から同じように公平に育てられたという経験に結びつき、大人になってからも、互いによき仲間同士の関係でいられると考えています。

> 子どもが5歳だろうが、3歳だろうが、関係ないんです。私は、叱るときはそういう区別はつけません。同じことに関わっていたわけですから

第2節 「同じ」

　　ね。まあ、どっちかがより悪いんだろうということは想像つきますけ
　　ど、ケンカって、親が知らないうちに始まってますし、2人とも悪い、
　　っていうことにしてます。いわゆる連座制、ですね。だいたいは上の子
　　が言い出して、下の子が面白がって、ってことが多いですけど、一緒に
　　やったんだから、ふたりともゲンコツを貰うわけです。息子たちは2歳
　　しか年が違わないので、このまま育っていけば、お互いにいい競争相手
　　になりますよね。体力とか知力とか、大きくなればその差は小さくなる
　　でしょうから、お互いに切磋琢磨して大きくなってほしいです。

「同じ」の社会化で浮上してきた、もう1つのルールは、「相手に恩を着せて、見返りを得ようとしない」ということでした。健二さんの発言を紹介しましょう。

　　特に息子がそうなんですが、妹に「このあいだ、おもちゃ貸してやった
　　だろ」とか、「おやつ分けてやったんだから、言うことを聞け」という
　　ような言い方をすることがあって、私に怒られるんですよ。それは、見
　　返りを期待して、彼がなにかいいことをしてあげた、ってことで、私は
　　そういうのが嫌いなんですよね。自分の息子に、大きくなってから「育
　　ててやった」っていうのは言わないと思いますし、言いたくないですよ
　　ね、そんなことね。だから「この前、なになにやってあげたでしょう」
　　とか子どもが言っても、「そんなこと言うんやったら、そんなことせん
　　ときな」みたいなことを言いますね。下の娘も、たまにそういう言い方
　　しますんで、同じように言いますよ。10いいことをしたから、10返っ
　　てくるっていうのは、間違いなく、ないですから、見返りを期待して育
　　っていくと、頑張っても見返りがなかったときに、挫折につながるよう
　　な気がするんで、弱くなってしまうっていうのがあるんでね。そういう
　　意味では、特に息子には、ちゃんと自立した大人になってほしいんです
　　よ。きょうだいだから、お互いに見返りを期待するな、というよりも、
　　人間としてね、そうあってほしいと思います。

正確には、健二さんの発言には、「恩」という言葉は入っていませんが、「見返り」という言葉が、「親の恩」を連想させる「親が子どもから感謝されることへの期待」とほぼ同列に語られていますし、「○○してあげたのだから」という子どもの言葉は、いわゆる「恩着せがましさ」を意味として含んでいます。恩とは仏教用語で、「恩を知る（知恩）」ということが１つの修行であるそうです。恩を知ることによって、その恩を受けた相手（親、教師、為政者、宗教者など）に報いる（恩返しする）ことが正しい行いです。恩を与えた人物が、相手にそれを積極的に知らせる行為は、恩を売った、あるいは恩を着せたと捉えられ、卑怯で恥ずかしいことだとみなされます。健二さんの考え方は、このような恩に関する仏教の教えを映し出しているようです。

　英語にはreciprocity（互恵性）という言葉があります。誰かに微笑みかければ、同じように微笑みが返ってくる、いじわるをすれば、いじわるされる、といったように「相手に向けた行為と同等の行為が相手から返ってくる」ということです。「恵」という文字が入っていますが、reciprocityには「目には目を」といった報復の意味も含まれており、それを期待（覚悟）するのはきわめて当たり前のことだと考えられています。この考えからすると、「恩」という概念は与えることはしても、相手から同様の行為を期待すべきでないもの、という点でユニークな概念だと言えます。恩を他に与えることのできる人間は、いわゆる徳の高い存在、もしくは聖なる存在そのものであって、見返りを期待しないことが当然だからなのでしょうか。

　話を健二さんに戻すと、子どもがきょうだいの利益のためにしたことであっても、その行為に対して見返りを期待することは、健二さんにとっては許しがたいことなのです。健二さんのその考えは、きょうだいの年齢差や性別の違いには全く関係なく、同等に適用されているということ、そしてそのルールを支えているのは、子どもたちが弱い人間にならないようにという「同じ」を社会化する上での親の動機であった、ということの２点がここでのポイントでしょう。

　「同じ」の社会化に関係する価値観は、「連座制」にしても「恩」にしても、伝統的な背景が存在しているのは興味深い点です。調べてみると、連座制は古代中国の刑法にその始まりが見られますし、「恩」という概念は仏教

とともに中国から伝えられ、『鶴の恩返し』をはじめとする民話のテーマともなってきました。きょうだいを公平に育てる、ということが大切であるということは認識されていても、ひとりの子どもがイタズラを考えだし、きょうだいを誘い込んだというような場合、親としてどのように対処するのが最も「公平」なのかは、実際問題として答えを出すのが非常に難しいと考えられます。

カナダの親たちは、あいまいさの低い、英語という言語が持つ特性を生かして、事実関係を冷静に判断し、論理的に問題を切り分け、説明することが得意です。しかしこの公平性に関する質問に対しては、言葉を探しながら、考え込んだり言いよどんだりすることが多くみられました。日本の親たちが、「ケンカ両成敗」を正当化するために古典的な価値観を持ち出したくなったのも、納得がいきます。

第3節 「譲る」

　ここまで見てきた「一緒」と「同じ」は、子どもたちの理想的な結びつきを表す言葉でした。次に紹介する「譲る」と「我慢する」は、「一緒」であり「同じ」である状態をきょうだいの間で作り出し、維持するために、子どもたちに習得してほしいと親たちが考えている行動や態度を表しています。親たちは、相手に譲ったり、相手のために自分が我慢したりするという行為の必要性を説くことで、自己を適切に抑制する力を育てようとしていることがうかがえます。

　「譲る」は、対人的（インターパーソナル）なベクトルを持っています。これに対して「我慢する」は「わがままな他者」への対処という対人的な要素に加えて「欲望を持つ自分」を認識し、わがままをこらえるという個人の内部の心の動き（自己認知）も必要とします。このような複雑な心理機能は、大人であっても完全に持ち合わせることは難しいのですから、親はまず年上の子どもに対し、親やきょうだいに対して「譲る」ことと「我慢する」こと

を期待し、年少の子ども（弟妹）に対しても、徐々に兄や姉に対して「譲る」、「我慢する」といった行動が取れるように促していきます。そして子どもたちが成長するにつれて、その場、その場の行動だけではなく、一貫性を持った態度として、相手に優先権を与え、自分の欲求不満をこらえることができることを期待するようになります。

では、譲らせたり我慢させたりしながら、親が幼いきょうだいの間の平和と調和をどのように実現させようとしているか、具体的に見ていきましょう。「譲る」も「我慢する」も日常生活でよく使われる表現ですが、それらの言葉の意味もいま一度確認したいと思います。

①「譲る」の意味——権利の主張はほどほどに

「譲る」は、自分の権利を手放して譲歩するという控えめで穏当な態度を子どもたちに身につけさせようとする、親の社会化の意図を表します。このテーマは、ケンカなどきょうだいの利害が対立する場面において顕著に見られました。「譲る」の社会化の背景にあるのは、対人関係のトラブルは、対立している二者のどちらか（あるいは双方）が控えめな態度を取り、自分が一歩引き下がって相手のやり方を受け入れることで解決するという考え方であり、信念です。

ここでは、人間関係において、「正しさ」というものが主観的であるということ、そしてきょうだいである子どもたちは、どちらもそれなりに正しいと親たちが考えているということがポイントです。子どもたちがそれぞれの主観性に基づいて、自分の正しさを主張するためにケンカになるという前提に立てば、親は子どもたちそれぞれの主観を重んじるため「間に立つ」という中立的な役割を果たさざるを得ません。「襄」には、「無理に上がる」という意味のほかに、「間に挟む」、「割り込む」といった意味を持つという説もあります（前掲『新選漢和辞典』）。

きょうだいの間に立った親は、年上のきょうだいに対し、お兄ちゃん、お姉ちゃんとしての家族内でのステータスや、年齢が高いことからくる理解力の高さといった既得権を放棄するように促します。その一方で年下の子どもに対しては、まだ年端がいかないという理由で許されている子どもっぽい態

第3節 「譲る」

度を手放すようになだめにかかります。これが「譲る」を社会化する親の行動です。

　日本人の親たちは、2者の意見が対立するときに相手に「譲る」ことができるというのは、必要不可欠な対人スキルだと考えていることがわかりました。ただし、別の見方をすると、譲らせるという解決方法に期待せざるを得ないという事情もあるのです。ケンカをしている子どもたちの意見が、それぞれの「主観」に基づいていることを尊重しようとすれば、親はどちらにも一理あるというスタンスをとらざるを得ません。そうすると、片方の子どもに味方することはできませんから、結果的にどちらか一方が相手に「譲る」ように期待することになるのです。このような親の態度は、「一緒」や「同じ」といったきょうだいの望ましいあり方を損なわないという利点もあります。

　では、実際にインタビューから引用してみましょう。太郎さんは、きょうだいゲンカの仲裁については、「客観的な真実は知り得ない」という考えに立って、子どもたちのそれぞれの正しさを認めようと心がけています。

> 客観的にみれば、絶対どっちが正しいかっていうことはわかるんでしょうが、主観的には、どっちがやったか、っていうのは、お互いに相手が先にやったと思っちゃってますよね。そうすると、主観的には、両方とも自分が正しいと思ってしまう。客観的に、私たちは見てるわけではないし、もし見ていたとしても、こっちが正しいんだってことを言ってしまうと、こっち（もう一人の子ども）も、自分が正しいっていうことを、本当にウソをついているわけではなくて、信じてるわけですから、あんたが間違っているんだっていうのを親のほうから言ってしまうのは、自尊心を傷つけることになると思うので、それはいけないと思うんですね。

　同様に春菜さんも、人間関係においては、絶対的な正しさはありえないということを「物事には二面性がある」という言葉で表現しています。その上で、きょうだいゲンカの当事者である子どもたちに対しては、自分の主張を

強く出しすぎないようにといさめ、寛容になることで問題を解決する方法を子どもたちに教えようとしています。

> 必ず、どんな物事もね、二面性があるので、ひとが良いと言っていても、それが悪いという見方をされる方もありますしね、絶対にこれが正しいっていうことはね、まああの、たとえば交通規則を守らなければいけないとか、決められたルールがあるもの以外でね、ひとの気持ちとか、行動とかでね、そういう正しさとかは、決めつけられないと思うんです。（中略）子どもに説明するときでも、そういう二面性があるという言い方はしないにしても、それに近い表現で説明しようとしている気はしますね。それは、あなたはそう思うかもしれないけど、それが必ず正しいわけではないよ、という言い方はしていると思いますね。私が考えて、これは明らかに悪いということであれば、それはもちろん叱りますし、これは間違っているよ、ということは、言いますけれども。まあ、なんていうのかな、心を広くもって、いろんなひとを許容できる人間になってほしいと思うんですよね。偏った考えを持っていてほしくないので。その時の状況とかね、そういうことを判断しながら、対応できる人間になってほしいなと思っているのでね。自分の意見とかをすごく主張することは、すごくいいと思うんですよ。言えずに黙っていてはいけないと思うのね。自分の意見とか、気持ちを言うことはすごく大切だけれども、自分の意見と相手の意見が違ったからといって、その人を批判するとか、そういうことは絶対に、してほしくはないので。

きょうだいゲンカの仲裁に限らず、何が「本当」なのかということについて、見極めをつけたり、判断したりすることがためらわれる背景には、いわゆる「本音」と「建前」を使い分ける日本人のメンタリティーが関係していそうです。本音と建前については、『甘えの構造』を著された土居健朗先生の著書が知られています。「本音」とは私的な感情や意見であり、親しい関係の中でのみ取り交わされるもので、「建前」つまり集団によって合意形成され、公的に受け入れられている意見と対比されます。もし対立した意見を

第3節 「譲る」

持つ2者が、お互いの本音を知り得るような親しい関係にはないとすれば、一方が譲ることによって、相手の隠れた本音を尊重することができますし、自分の本音をさらけ出すことも避けられます。つまり、他者に譲ることができるならば、洗練された紛争解決の能力を持っているといえることになります。

里江子さんは、子どもたちが譲り合いながら、お互いの本心を探り合うことを学ぶ上で、きょうだいゲンカはまたとない学習の場だと考えていました。次の引用の中で、里江子さんは、子どもたち自身の譲る能力と、里江子さん自身の社会生活の中での譲る能力を平行して語っています。表面的になりやすい地域社会でのおつきあいの中でも、上手に譲り合いながら、本音に近い関係づくりをしたいと願っているのです。子どもたちが成長して、大人の社会で生きる時にも、お互いに快適な人間関係を築くことができるようにという思いが、きょうだいの間で「譲る」を社会化する上での動機づけになっていることがわかります。

> 相手が自分の考えてることと違っていてもいいし、全部同じにならなくてもいいんだけど、それをどういうふうに、相手と折り合いをつけてゆくか、ということですよね。たとえば「相手の言うことに今回ここまで譲ったけど、次回は、自分の考えのほうでやっていこう」とか、ふたりでミックスして考えて結論を出すなり、そういう練習をしてるようなものなんでしょうかね。譲歩して、一緒に。そこで決別するんじゃなくて、それぞれでやりましょう、じゃなくて、それでも一緒にやっていくとしたら、どうしようかっていうふうに考えていけるようになってもらいたいですねえ。大人は、なかなか本音を言いませんよね。近所づきあいとか、ここ（日本企業の駐在員家族のコミュニティ）でもそうですけど、ほんとに仲良くなれる人とか、ほんとのことが言える人というのは少ない。少ないんだけれど、本当は自分の言いたいことをもっと言い合ってね、そしてその中からより良い方法を見つけていくっていうつきあい方、私はしたいなあって思うんですね、本当はね。特にここは、出たり入ったり忙しいし、いつか離れてしまうと皆さん思っているので、あ

まり深いつきあいをしないんですね。だけど、どこで出会っても、誰と出会っても、どれくらい一緒にいたとしても、自分っていうものを、本当の自分を相手に分かってもらえて、そして相手の本当の姿を知るっていうことに価値があると思うんですね。ちょっと、話が逸れちゃってるのかもしれないんですけど。でも、相手がこれは貸せない、というかもしれないけど、とりあえず頼んでみるとかね。これだったら貸せると譲歩してみるとかね、最初からあきらめる関係じゃなくて。私自身が、遠慮っぽいところがあって、頼む前からいいや、って思ってしまったり、ちょっと無理なこと頼まれても、面倒だから相手に合わせちゃうとか、そういうことも多い気がするんです。だから、（子どもたちには私みたいになってほしくないので）余計にそう思うのかもしれませんね。

②「譲る」を社会化する

「正しいこと」と「間違っていること」を判別するための「客観的真実」が存在しない中で、日本の親たちは現実的な問題を解決するために、「同じ」または「一緒」という安定した状態を作り出すことに力を注ぐことがわかりました。「同じ」であるという状態は、対立する２人のきょうだいの間の差をできるだけ小さくすることで可能になります。また「一緒」である状態は、情緒面において、きょうだいの感じ方に大きな偏りがないようにすることで達成することができます。

「譲る」の社会化においては、親たちはきょうだいの出生順位に注目することがわかりました。先に生まれた年上のきょうだいは、お兄ちゃん、お姉ちゃんという既得のステータスから一歩下がる、つまり譲ることで、年下のきょうだいとの立場の差をできるだけ小さくすることができます。これが「譲って同じ」のメカニズムです。これに対し、情緒面に働きかけるのは、「譲って一緒」のメカニズムです。例えば弟や妹の悔しさに心を寄せて、可哀想に思う気持ちの中から、年下のきょうだいの意見に従うように仕向ける方法がこれに当てはまります。

なお、年下の子どもに対しては、兄や姉の情緒面に注目させながら、たとえば「末っ子」というようなステータスから一歩下がって、兄や姉に譲るこ

とが期待されていました。これも「譲って一緒に」のメカニズムです。では、具体的に見ていきましょう。

a「譲って同じ」に

「譲る」の社会化においては、親が年上のきょうだいに対して働きかけ、一時的に妹や弟のレベルまで降りてあげることで、家庭内の平和を維持するよう促すことがわかりました。これによって、きょうだいを「同じ」にしようとしているわけです。親たちは年上の子どもが、弟や妹より学習能力が高く知識があり、しばしば多くの特権を与えられていることをよくわかっています。だからこそ、年上のきょうだいに「譲る」ことを教えようとします。

たとえば、太郎さんは、兄（8歳）が妹（6歳）とゲームをして勝つことが多いのは「全く当たり前の話」だと言います。そこで父親は自分もゲームに参加し、妹とペアを組むことによって、妹にも勝てるチャンスを与えようとします。そうすれば、兄と妹は「同じ」ように競い合うことができます。太郎さんに言わせれば、兄である長男は「ずるい」と文句を言うのではなくて、妹に「譲る」べきなのです。

啓輔さんは、姉（7歳）が弟（3歳）に譲ってあげなければならない立場になりやすいことを認めた上で、娘にどのように働きかけているかを、次のように語ってくれました。姉が譲るべきなのは、彼女が弟よりも知的に発達しており、数やお金の概念を理解しているからだと説明されています。

> 上の子に言うのは、まあ、とにかく、譲ってやれ、ということですよね。争いになるような時があったら、お前は大きいんだからね、譲ってやりなさいと。2番めは、まだお金の価値なんかもわかんなくって、だから、あなたが買ってもらってるおもちゃは、篤志のおもちゃの10倍の値段だったりする んだよ、って。お前はいつも篤志に譲ってあげてるように思うかもしれないけど、大きいから得してることもいっぱいあるんだよ、って。

では、ふたりのきょうだいがすでに「同等」であると親が判断した場合は

どうでしょうか。この場合は、むしろ両者の違いをはっきり自覚させるために、一方を譲らせようとすることがわかりました。たとえば和郎さんは、兄（7歳）が弟（6歳）に対して譲ることで、自分が長男で「一家の大黒柱」であるということを自覚させたいと考えていました。その理由について伺ったところ、和郎さんは2人が年子であって、年齢の差がごく小さいことを挙げられました。子どもたちの年齢が近く、体力も能力も拮抗しているような場合、2人があまりにも「同じ」になってしまうと、それぞれのアイデンティティが混乱しやすく、家の中での秩序が維持しづらくなります。ここでは、きょうだいが互いに似すぎてしまうことを避けるという意図（「同じ」の社会化）を背景に、和郎さんは「譲る」ことを兄に期待したのです。

b「譲って一緒」に

親として、きょうだいが互いに譲り合うよう働きかける上で「一緒」の価値観は重要です。ここでも、「譲る」ことを多く求められるのは年上の子どもです。他者に対して共感性が高く、自分の言い分を少し横に置いておくだけの分別を持つと期待されているからです。

次の例では、緑さんが朝の慌ただしさの中で、9歳になる息子が妹に譲れないことを嘆いています。緑さんが期待しているのは、妹を泣かせたり、気分を害すような行為を一時封印し、きょうだいの「一緒」を実現することだとわかります。緑さんの考えでは、相手の気持ちを考えて、相手に譲り、平和的に行動することが、ひいては責任ある社会人として生きることにつながるのです。

> 克典だってもう9歳になるんだから、1年生や幼稚園の子の面倒はみて当たり前なんだからね、もうちょっと接し方考えなさいよ、って叱るんですけどね。もうちょっと克典が譲る気持ちとか、あるとね。はっきり言ってこの年齢にしては、わがままだと思うんですよ。お兄ちゃんがもうちょっと譲ってくれれば、もっと円満なきょうだいになるのに。朝よくあるのが、8時半に家を出るんですけど、二人とも先に支度して、車に乗っててって頼むんですよ。そうすると、だいたい車の中で妹をぎ

第3節 「譲る」

ゃあぎゃあ泣かしてる。「なにしてるの！」って言うと、「お兄ちゃんが歌やめてくれないの」とか、「お兄ちゃんがバカって言った」とかね。幼稚園の子がそう言ってるんだから、聞いてあげなさいよって言うんです。しりとり遊びとかよくさせるんですけど、そういう時にお兄ちゃんがもっとリーダー的な存在になって「お母さん遅いね。しりとりして待ってようか」とか言ってくれればどんなにかいいのにって（感情をこめて）思うのに、「今どうしても歌いたいんだもん」って。「今歌いたいからって、みんなが自分がやりたいことを今やってたら、だめになっちゃうでしょ。わがままな人ばかりになって、世の中回っていかないのよ」って。まあそんな難しいこと言ったって、多分聞いてくれないんだけど。

親たちは、年上の子どもたちに対して、やや高度な要求をすることもあります。千鶴さんは、きょうだいの双方がそれなりに理にかなった主張を繰り広げるような場面では、姉（9歳）に譲ってほしいと希望しています。それは必ずしも彼女が年上だからという単純な理由ではありません。千鶴さんの言葉で説明するとこのようになります。

たとえば、家族で休みの日に何をするか、というようなとき、お互いに、今回は優位に立ったから、次回はあなたが優位に立ってもいいわよ、みたいなそういう譲り合いをね、ある程度していかないとね。「私は学校でこういうふうに聞いてきたからどこそこに行きたい」、「僕も学校でこう言われたから、なんとかを見に行きたい」とかってなると、全然平行線じゃないですか。そうじゃなくって、前後の関係とか、2人の関係でね、自分が少し優位に立ってるときは、自分の言ってることが正しいんだけども、今回は譲ってあげるとか、そういう気持ちになってほしいなって。（6歳の弟を）可哀想だなって思ってあげてほしいという気持ちですね。そこだけ見ると、そのことが正しいってことがあるとは思うんですよ。たとえば、この間は、上の子がプールに行きたい、下の子が映画に行きたいと言ったんです。本当のところは親としても、プールかな、と思っていたんで、それは彼女の言い分と合ってたから、もし多

数決で決めればプールになったかもしれないんですけど、実はその前のときも、彼女の意見が通ってたんですよね。だから（私の気持ちとしては）、「この間は千佳ちゃんがアレアレをしたから、今回は（強調して）翔平くんの言っていることを聞いてあげて」って。みんなは本当はプールに行きたいんだけれど、今回は翔平くんがどうしてもプールに行くより映画を見たいって言ってるから、映画に行こうとか、そういう風に思ってほしいなって思うんですね。

　千鶴さんが、姉である千佳さんに対し弟に譲るように希望するのは、千佳さんの意見が通りやすい状況がすでに家族のなかにあることを、彼女が自覚した上で行動できると千鶴さんが考えているからだということがわかります。いつも姉の意見が採用され、自分の意見が通らないので、残念な、あるいは悔しい思いをしている弟の感情を察してあげ、可哀想だと感じ、「いつも私の意見が通っているから、翔平くんが言うように今回はみんなで映画に行ってもいいよ」という判断をしてくれたら、という願いが「譲ってあげてほしい」という短いフレーズにはこめられているのです。

　では、年下の子どもに対する「譲る」の社会化とは、どのようなものでしょうか。心理学者のピアジェは、２歳から６〜７歳ごろの子どもは、自我が急速に発達し、知能の発達の上でも、自己中心性が高まることを指摘しました。親たちは経験上からも、この年頃の子どもたちがなかなか気前よく兄や姉に「譲って」くれないことをよくわかっています。「譲って一緒」の理屈は、幼少の子どもたちにも比較的わかりやすい説得方法のようです。

　たとえば真治さんは、お気に入りのテディベアを貸そうとしない５歳の妹に対し、「もしもあなたが泣いてたら、お兄ちゃんも悲しいんだよ？　クマちゃんを貸してもらえなくて、お兄ちゃんが泣いたら、あなたも悲しくなるんじゃないの？」と話しかけて、妹がクマのおもちゃを兄に譲ることができるようにと働きかけています。

　次のエピソードは、モノの貸し借りについて、母親がいわば無意識的に、しかし相当に意図的に、朝子さん自身の言葉で言えば「戦略的に」関わっている点で、とても印象的でした。「譲る」というテーマが浮上してきたの

第3節 「譲る」

は、かなり分析が進んでからのことでしたが、「一緒」と「譲る」というふたつのテーマがつながっていることに気づく大きなヒントになったのも、朝子さんのこのエピソードでした。

> 上のお姉ちゃん（7歳）がちょっと前に貸して、今度は下の子（4歳）が貸さない、っていうパターンのほうが多いですね。上のお姉ちゃんが先に貸してあげたのを見てるので、なるべく下の子も、お姉ちゃんに貸してあげたほうがいいんじゃないかと思うんですけど、でもそこで「貸しなさい」っていうと絶対貸さないし、私が言っても無理だってことはわかっているんです。で、どうやったら下の子を動かせるかというコツはみんながわかってて、うまく説得すればいいんですね。私がよく言う言葉は「（上の子どもに）だいじょうぶだよー、のんちゃんは絶対に！ 貸してくれるから、何度か言ってみてごらーん。何度か説得してごらん、そしたら、きっともうすぐニコーっとして、はい！　って貸してくれるから」って（笑）。で、それは下の子にもよーく聞こえるように、わざと耳元くらいでね。最初の何回かは、「や！」って断られるんですけど、「絶対に怒らないで、貸してくれるまで言ってごらん」（ゆっくりと落ち着いた口調で）って。そうしたら、お姉ちゃんもすごーくがんばって「貸してくれないかなー、ほんのちょっと使いたいだけなんだけどなー」（悲しげで困ったような口調で）って、上手に言うんですね。そしたら、「いいよ」って、ふっと貸してくれます。ほとんどもう、8割か9割くらいは、それで収まります。非常に戦略的ですよね、考えてみるとね！（自分の話に朝子さん自身が驚いた様子で、しばらく笑いが止まらなくなる）。

朝子さんは、2人の娘が持ち物を貸し借りできるようにするため、双方の気持ちや期待を見通し、代弁し、お手本を示す機能を果たしています。まず、自分は貸してあげているのに、妹からは貸してもらえず、妹を説得しなければならない立場になってしまった姉に対し、彼女の努力が報われることを請け合って安心させると同時に、妹には「あなたなら、きっとお姉ちゃんに譲ることができる」と母親から信頼されていることを伝達しています。姉

には、怒らないように前もって注意を促し、朝子さん自身が柔らかい口調と物腰で辛抱づよく働きかけています。妹が最終的に「譲る」ことに納得できたのは、姉が貸してもらえないことにいらだたず、「悲しげに嘆く」ことができ、それに対して、妹が姉を可哀想だと感じることができたからです。朝子さんは「譲って一緒」を実現できるように、年上の子どもの協力のもと、間接的に下の娘に働きかけていたといえます。

「日本人がNOを言えるかどうか」という言説が人々の口にのぼったのはバブル期にあたる90年代の初めごろでした。しかし人間関係を損なわないように配慮しつつ、白黒をはっきりさせることは、人種や文化を問わず一定の難しさがあるのではないでしょうか。正しさとは、しょせん主観的なものでしかない、という信条を文化的に持つ場合は、なおさらです。

きょうだいの社会化という限定された範囲の中で検証してみると、親としてきょうだいのそれぞれの主張やその子なりの「真実」を尊重するためには、その場で白か黒かの判定をすることよりも、意見や主張の対立をいかに穏当に解決するかが焦点になります。そのために子どもたちに期待されるのが、相手に「譲る」という行為や態度です。親は性別に関係なく、より柔軟に考えられるはずの年長の子どもに働きかけます。説得が必要な場面では、「一緒」で「同じ」という望ましいきょうだいのあり方を目標として設定し、年端のいかない子どもであっても、兄や姉を悲しませないために、自分が譲るべきだと理解させようとするのです。

第4節 「我慢する」

日本人の親による「きょうだいの社会化」について、最後に紹介するテーマは「我慢する」です。これは、「譲る」と同じように、きょうだい間での「一緒」や「同じ」を実現するため、親が子どもたちに期待する行動や態度です。年長の子どものほうがより頻繁に親から期待されやすい立場に置かれることも、「我慢する」と「譲る」の共通点です。しかし「譲る」と「我慢

する」では、その意味づけに大きな違いがあります。

「譲る」の場合は、譲る人の立場が、相手の立場より物質的・精神的に有利であるという特徴があります。それらの立場についてくる特権を一時的に放棄することが、譲ることです。これに対して「我慢する」とは、年齢や立場にかかわらず、人間だれもが努力し、修得しなければならないことだと親たちは考えていました。「譲る」の社会化では、親は対立する子どもたちの間に立つ仲介者でしたが、「我慢する」の社会化においては、親自身も我慢することを学ぶべき人間のひとりです。年上のきょうだいが妹や弟に「譲る」ように教えることが多かったことに比べると、年齢にかかわらず、きょうだいが「お互いに我慢する」ことを親たちが教えようとすることも、「譲る」との違いの1つです。

①「我慢する」の意味──欲望を自制する

「我慢」についての考え方は、仏教が教える「煩悩」の概念と深い関係があります。『和英対照仏教聖典』(仏教伝道協会、平成20年版)によれば、「煩悩」には無明(無知で道理をわきまえないこと)と愛欲(生に対する執着や激しい欲望)の2つがあるとされています。多美子さんは、年下のきょうだいにおもちゃを貸したがらない長男について「どうも自分のものに執着があるみたいなんですよね」とあきらめ顔で話していました。信恵さんも、兄にお菓子を分けてあげる場面で、妹がよくぐずることについて、「食べ物に対して執着がある」という表現を使っています。仏教の考え方からすると、おもちゃやお菓子に対する執着は立派な煩悩といえそうです。

煩悩は無数にあり、除夜の鐘で1つずつ数え上げられると言われます。日本中のお寺の鐘が毎年必ず大晦日の夜に打ち鳴らされ、その様子が全国に放映され、人々がそれを聞きながら人間の煩悩に思いを致す習慣があるということは、貪り、怒り、愚かさ、恨み、嫉み、おごり、ふまじめといった世俗的な悪(煩悩)が、一生涯自分を去ることはないと知るべきだという考え方が浸透しているからでしょう。自分の内側にも、他人の内側にも存在するこれらの悪から、どうしても逃れることができないとすれば、なんとかして「悪」と共存しなければなりません。

自分の欲望や他人の身勝手さを「我慢する」ことは、煩悩を抱えて生きるための方策であり、きょうだいや家族の間だけでなく、いずれ集団社会の中で他者と生活する上でも不可欠な能力だと親たちは考えていました。次の節では、親がきょうだいの関係性の中で、どのように「我慢する」ことを社会化しているか述べていきます。まずはひとりひとりの子どもが自分自身のために「我慢する」こと、自分に向き合うことを学んでほしいという親たちの考えをご紹介しましょう。

　誠さんは、7歳、3歳、1歳の3人の男児を持つ父親ですが、男ばかり3人のきょうだいを育てる上では、子どもたちの精神力を鍛えることが何よりも大切だと考えていました。フラストレーションを外に向けて発散するのではなく、自分の内側に入っていくことで解消する力をつけるためには、「ストイック」つまり「欲望を超越して感情に動かされない」（『国語辞典』旺文社、2005年）ための適切な余暇活動が有効だという意見です。

> 同じ性が3人っていうのはですね、必ずぶつかりますからね。ひとり女の子なんかいるとねえ（実感をこめて）、非常に楽なんですけど。3人でケンカするとかならず2対1になって、真ん中が突出してしまう。これからやっぱり15歳からハタチくらいまでの間っていうのは、結構難しい。13歳くらいからかなあ。（3人の関係が）変なぐしゃぐしゃにならないように、外へ連れて行くとか、山登りさせるとか、なんかこうストイックなことをさせようかなって。崖登ったり、海潜ったりね。ただ発散するんじゃなくて、外へ出すんじゃなくて、中へ入っていく。そういうことが必要ですよ。釣りなんかもいいんですけどね、嫌いみたい（笑）。一番上と下がつるんで、真ん中が孤立してく、とかいうふうになったときにね、鍛えるのは精神力ですよ。体じゃないです。そんなのは、毎日走り回ってれば鍛えられるし、頭だって、鍛えなくたって普通にやってれば生きていけるんですから。ある程度運動して、学校に支障がない程度に勉強して、あとは精神力を鍛える、これですよ。

　2人の娘を持つ英里子さんは、子どもたちが楽器を習うことを通じて「我

第4節 「我慢する」

慢する」ことを覚えてほしいと期待しています。英里子さんの考えでは、正しく音程を取ったり、難しい部分を弾けるように練習することには、自分の限界に向き合うという意味があります。そのことで養われる精神力は、自分の奥底にある利己的な欲望を抑え、ひいてはきょうだいや友人との良好な人間関係を築く上で有効なのです。

> 上の子はバイオリンを習っているんですけど、それが思ったように弾けないっていうのもたぶん我慢ですよね。本人にとって、すごく苦しいのが我慢だと思うんですけど、それを味わいつつ乗り越える、っていうのかなあ。すべてなんでも、思うようにはいかないってことをわかってもらうために、我慢をさせてるんだと思うんですよね。欲しくても買わないとか、そういうことだけじゃなくって、生きていくのも、もう全部自分の思うとおりにはいかなくって、自分が折れなくちゃ、我慢しなくちゃいけないこともあるし、どんなに頑張ったってできないこともあるしね。精神的な強さみたいなものかなあ、それをちょっと養うっていうことですね。

このように「我慢する」ことは、関係性の中で学ぶと共に、自分に向き合い、困難を乗り越えようとすることで養われる力です。では、きょうだいという関係性の中で、「我慢する」ことがどのように社会化されているか、その実際を見ていきましょう。

②「我慢する」を社会化する

「我慢する」の社会化について、インタビューでよく聞かれたのが、「わがまま（我儘）」という言葉です。子どもというのはわがままなものという前提があり、だからこそ「我慢する」ことを覚えさせなければならないという理屈です。

「我」という漢字は、「まさかり（武器）を下げて立っている自分の姿」（『新選漢和辞典』）を表すという説があり、攻めるにしても守るにしても、強い意志が感じられます。「慢」という字は、「曼」という部分が「だらだらと

長引く」という意味（前掲『新選漢和辞典』）を持ちますので、ゆるんで怠けたい心を表します。集団生活においては、他者に配慮することができず、傍若無人に、好き勝手に振舞うことを表しているのでしょう。我慢とは、そのような易きに流れる心を自ら律することだと考えてよさそうです。

　日本人の親たちが「我慢する」を社会化する方法は４つありました。１つめの方法は、わがままで自分勝手に振舞う子どもに対して「我慢する」ことを教えることです。２つめは年上の子どもに対し、妹や弟のわがままを我慢し、受け入れてあげるように促すことです。この方法では、我慢した年上の子どもに対して、親が感情的、あるいは物理的に寄り添ってあげることで、子どもの努力をねぎらったり、自己犠牲に報いるということがみられました。この２つの方法は、「一緒」の社会化に関係の深いものです。

　３つめの方法は、子どもたちに対して、「我慢する」ことを交互にさせようとするという親の努力が挙げられます。さらに４つめの方法は、我慢をしすぎてしまう（あるいは、させすぎてしまう）と心配される子どもに対し、時には子どもらしく、自然体でわがままに振舞ってもよいのだと教える、というやりかたです。

　「一緒」に加えて「同じ」の社会化も関係してくるのが、３つめと４つめの方法です。「一緒」が持ち出されるのは、「我慢する」ことに伴う不公平感を、「一緒」という心地よさで和らげる必要があるためです。きょうだいのどちらかが、いつも我慢させられている、と感じて情緒的に満たされない思いをすることがないように、親は子どもたちの我慢の頻度や度合いを調整する役割を果たしているのです。

　ではインタビューから具体的な例を引用していきましょう。

a　わがままは「一緒」の敵

　家族が一緒に行動するような機会は、旅行などのレクリエーション的なことから日常生活まで、幅広いシーンに見られるものです。家族が揃ってなにかをするという場面では、子どものわがままは全体の歩調を乱しかねません。きょうだいの社会化に関するインタビューでは、普段の生活の中での、特に年下の子どものわがままが引き合いに出されることが多かったよう

第4節 「我慢する」

す。久実子さんは、食事の場面を挙げました。

> せっかく家族がいるんだから、別個じゃなくて、一緒にね。うちは、きちんと時間が決まっていて、その時間きっちりにご飯を食べるっていう家なんですけど、ときどき一番下の子がすねてたりして、食べないとかいうときがあるんです。けど、とにかくうちは家族が多いんだから、ひとりがそうやって乱すと、もうみんながしんどくなってくるから、みんな一緒に座るんだからねって言って、もう無理やりにでも一緒に座らせたりっていうことはしますね。

「ひとりがわがままを言うと、みんながしんどくなるから」という言葉には、「同じ」の社会化が含まれていますが、「一緒」という言葉を3回繰り返していることから、全員が揃って食事をとることにこだわりたい久実子さんの意図は明らかです。秀樹さんは、「一緒に走る」という興味深い比喩を使って、家族がお風呂に入って寝るという夜の習慣について話されました。

> （妹から姉に対しては）やっぱりわがまま言わないでくれ、かなあ。たとえばどんなわがままだろう。今からみんなでお風呂に入らなくちゃいけない。じゃあ、静香（5歳）と遥（3歳）が二人で入ることになったと。でも、遥が私はお姉ちゃんと入りたくない。なぜなら、二人で入ったら狭くなって、遊べなくなるからです。自分が遊ぶスペースがなくなっちゃうから。でももう8時過ぎてる。寝る時間に近づいてきてるし、今からもうやらなくちゃいけないことがまだ沢山あるのに、ひとりでまだ遊んでいたい、と。たとえばそういうことです。まだ3歳じゃ、全体を把握することはできないと思うけど、でも僕らの年でも同じだと思うけど、ともかく要するに身勝手なことがわがままですよね。今から何々しなきゃいけない、みんなで向かってる、一緒に走ってもらいたいと。そこのところで、私はこれがしたい、という人がいると、そこで止まってしまいますよね。止まっちゃったら、みんなが動けなくなっちゃう。かといってそのままほっとくわけにもいかないから、拾って連れてかな

きゃならない。やっぱりそこは止まるのを我慢させる。それがものすごく苦しくて、走るのに限界とかそういうのだったらみんな止まるけれども、そういうんじゃないから。

　秀樹さんは、3歳の遥ちゃんがお姉ちゃんとお風呂に入りたがらないことについて、その理由が「お風呂が狭くなって遊べないから」であると理解しています。そしてその場の状況からしてその要求は身勝手でわがままだと考え、遥ちゃんに我慢させようとしています。ここで秀樹さんは「全体を把握できないのは、僕らの年でも同じ」と言っています。幼い遥ちゃんに求められている我慢の難しさを、大人の立場からも理解できると親がおもんぱかっているのは、興味深い点です。さらに秀樹さんは、遥ちゃんが我慢することを、人が疲労をこらえ、走るのをやめてしまいたいという快楽原理に抗って、走り続ける様子に喩えています。走り続けるのは誰にとっても苦しいことですから、こういった表現からも、「我慢する」ことがすべての人間にとって一生続く課題であると秀樹さんが考えていることがわかります。このように、子どもたちはきょうだいを含めた家族全体の「一緒」を実現するためには、しばしばわがままを我慢するようにと教えられています。

b　きょうだいのわがままには寛容に
　年下の子どもたちがよりわがままなのは、家族のなかで責任のない立場にあるからという考え方はしばしば聞かれました。たとえば早苗さんは、6歳の長男と4歳の長女を比べて、「うーん、やっぱり下のほうが多少わがままなんでしょうか。下のほうが自由に振舞える、っていうか、振舞ってるのかなあ。孝也はお兄ちゃんとして、自分がしっかりしなくちゃってわかっているみたいですけど、美和はマイペースっていうか、ちゃっかりしているような感じですよね」と話されました。自分を基準とした快適な速度を守ろうとする、という意味での「マイペース」という言葉も、わがままと重なる部分があります。
　「わがまま（我儘）」という日本語は、当初「selfish」や「self-centered」という英語に置き換えていたのですが、たとえばネイサンという学者は、

第4節 「我慢する」

2000年に発表した論文の中で、日本語のわがままというのは、フロイトが提唱した「イド」にあたると述べていることがわかり、スーザン先生への説明がいくらか楽になりました。もちろん2人の会話の中では「わがまま」はわがままのままで、イドとは分けて考えていましたが。

イド（id）というのは、本能的な衝動や、原始的で無意識的な快楽志向性を持つ人間の精神構造の1つで、自我の基底をなすとされます。おむつが濡れれば泣く、お腹がすいたら泣くというように、乳児は自分が快適であることを最優先にしているように見えるため、フロイトからは、赤ん坊はイドのかたまりであるとみなされました。成長するにつれて、親や先生といった集団のリーダーから教えられる価値や行動の基準を内面に取り入れることによって、超自我（スーパーエゴ）が形成され、イドを自分で抑えられるようになるというのがフロイトによる自我の発達の説明です。

フロイトの理論にそって考えれば、年上のきょうだいのほうが超自我が発達していることになります。日本人の親たちが、妹や弟のわがままを大目に見てあげるように促すのも、お兄ちゃんお姉ちゃんがより精神的に成熟していると信じているからです。

義男さんは、長女の麻耶ちゃん（7歳）が妹（4歳）のわがままを我慢することは、麻耶ちゃん自身のためになると考えていました。妹とのやりとりを通じて、わがままという人間の本質にうまく対処できる能力を獲得できれば、将来社会の中で生きていくときに役に立つはずだからです。

> 麻耶のほうには、美歩っていう下の子がいるから、やはり下の子の面倒をうまく見れるっていう利点があるんじゃないかなあと思います。美歩が年下ですから、当然わがままですし、麻耶にとっては、まあいろんなことで自分の思うようにならないでしょうけど、やっぱり人間関係っていうのは、上の人と、または同じ年の人とばかり付き合うわけじゃないから、自分の妹と付き合うことによって、そういう下との付き合いっていうものが学べるんじゃないかなあ、って。

年下の子どものわがままに寛容な日本の親たちですが、その一方でなんと

か不公平感を和らげようと努力している様子が見えます。妹や弟のわがままに耐えた子どもに対し「抱っこしてあげ」たり（直美さん）、「ちょっとほっぺをなでてあげ」たり（義男さん）という表現で、「ママ（パパ）はあなたと一緒だよ」というメッセージを伝えようとするのがその表れです。佐知子さんは、兄である6歳の亮介君に我慢させることで、次男のわがままを乗り切りたいという期待を強く持つ一方で、いつも我慢させられる亮介君を可哀想に思っています。

> 次男はですね、やっぱり一番下なので、ちょっと自分中心というか、お兄ちゃんよりも優先されてきて、ちょっとわがままでやんちゃなところがあるので、お兄ちゃんには可哀想なんですけど、弟が今やんちゃしてるから、お兄ちゃん今我慢して、という、我慢できるという構図になってほしいです（笑）。お兄ちゃんが可哀想というのは、いつも我慢させてるからですね。たとえば1つしかないお菓子があって、下の子が半分にしたくないと。「ギャー」と言ったら「じゃあお兄ちゃん、ちょっとだけ我慢してね」とその場で言って、後でお兄ちゃんだけチョッチョッチョと連れてって、「ママ、お兄ちゃんのこと大好きだから！」（笑）って。

　佐知子さんは亮介君が母親を独占できる状況を一時的に作り出し、「大好きよ」というメッセージを伝えることによって、母子間に「一緒」感を醸しだして、亮介君の努力に報いようとしていることがわかります。

c 我慢とわがままの関係を知る

　「我慢する」の社会化の3つめの方法は、「我慢する」こととと「わがままでいる」こととが、どう関係しているのかを、親が子どもたちに教えるというものです。これは我慢してきょうだいのわがままを受け入れることができたら、次のときには自分のわがままをきょうだいに受け入れてもらえるという、互恵的で公平な関係を理解させたいと考えているのです。自分が我慢すれば、次回はきょうだいに同じように我慢してもらえる、ということを親が

教えるわけですから、「同じ」の社会化が背景にあります。

　実際には、親たちはきょうだいのわがままを受け入れてあげなければどうなるかを子どもに考えさせていました。姉が弟のわがままを受け入れず、つっぱねれば、弟が我慢せざるを得ない立場におかれます。ここで「弟を困らせ、我慢させてもいいの？」というメッセージを姉である年上のきょうだいに伝えることで、「我慢する」の社会化を進めることができるのです。「困る」「辛い」という情緒的な側面が強調されることからは「一緒」の社会化も関係しているとわかります。

　きょうだいのわがままをつっぱねると自分が困るというシナリオは２つあります。１つは、今相手を拒否すれば、次回は自分が拒否されても文句は言えなくなるというもの。もう１つは、わがままを拒否されて辛い気持ちになっているきょうだいを目の当たりにしなければならないという別の辛さを経験しなければならないことです。

　次の引用のなかで英里子さんは、自分が「我慢する」ことが、「きょうだいが自分のために我慢する」という結果につながること、だからこそ「我慢する」のはお互いのためであり、自分の利益でもあるということを、子どもたちに教えています。

　　真里奈（６歳）が由梨菜（３歳）に対して辛くあたると、やっぱり由梨菜も真里奈に対して辛くあたって、だから自分に全部返ってくる、っていう言い方をよくするんですけれども、真里奈が由梨菜に優しくしてあげれば、由梨菜も真里奈に優しくしてくれるし。だから、たとえば由梨菜に対して、真里奈が我慢して、由梨菜になにかしてやったとして、あとで逆に由梨菜が真里奈に対して、真里奈が喜ぶようなことをしてあげたときに、さっき真里奈が由梨菜にこういうふうにしてあげたから、由梨菜もそうしてくれたんだよ、っていうのはよく言ってるかもしれないです。

　将来困らないように、今我慢させようとする方法は、より高度の知的能力を持つ年上の子どもたちが対象になります。未来に予想される困難を避ける

ために、現在の自分の行動を制御するためには、時間という目に見えない抽象的な概念を理解できなければならないからです。しかし前述したように、親たちは年上の子どもに我慢をさせることが、不公平感につながることを心配しており、可能な範囲で年下の子どもたちにも我慢をするように教えていました。千鶴さんの例を見てみましょう。

> 今だと、宿題の量が上のほうが断然多くて、下の子はすぐ終わっちゃうんですよね。それで、上の子が、翔ちゃんはテレビ見てずるいとか言い出すので、千佳ちゃんも、幼稚園のときはこのくらいしかなかったのよって説明はします。逆に翔平にも、千佳ちゃんは大変なんだから、翔平くんは我慢しなさい、テレビは見てもいいけど、音を出したらだめとか、千佳ちゃんが終わるまで、おいしいお菓子は我慢しよう、とか、とにかく常にこっちだけ特別っていうんじゃなくて、どういうときでも同じにしたいなとは思っていますけど。それはどうしてかっていうと、うーん、どちらも自分の子どもですよね。どっちかが特別とかじゃなくって、どっちもあの、個々の人間であるわけですから、子どもとして人間として大事にしてやりたいなという気持ちは持とうと思っています。行動に出てないところもあるんですけども（笑）、気持ちとしては、ひとりずつを大事にしたいなと思ってます。

　姉と弟の宿題の量の違いは、発達段階の差からくるものですが、「ずるい」という言葉に表れた年上の子どもの苦しみに対し、あなたが今少し待ってあげられれば、あとで姉と「一緒」においしいおやつが食べられるよ、というメッセージを年下の子どもに発信し、我慢を促しています。さらに、千鶴さんが弟の翔平君を我慢させようとしている背景には、「ふたりとも自分の子どもだから」という理由がありますが、これは「同じ」の社会化です。
　真紀さんのインタビューからも一例を紹介しましょう。真紀さんは、子どもたちが相手の苦しみを減らすためであれば、積極的に我慢することを引き受けられるようになってほしいと願っています。今の時点では年上の長女に多く期待されることではあっても、いずれは弟である長男にも理解させたい

という言葉からは、やはり「同じ」の社会化の意図が読み取れます。

> やっぱり相手のことを大事に思ってれば、貸してあげれるし、相手が悲しむくらいなら、自分が我慢しようって思ってもらえたらいいかなと。隣で篤志が泣いてると。横で、触りたいって言ってるのに、泣いてるのに、そうやって独占してて、あなた楽しいの？ っていう（笑）。将来的には、篤志にもそれをわからせなきゃいけないんですけどね。お姉ちゃんが遊んでるのに割り込んで、やって楽しい？ って。お互いにそうですね、相手に我慢させてるから自分が使えるんだっていうのをわかってほしいな、とは思いますけど。

d 我慢をさせすぎないこと

「我慢する」の社会化の4つめの方法は、我慢をしすぎてしまう傾向を持つ子どもに対し、親がそれをセーブさせるというものです。親たちは、我慢のしすぎが心身の健康に悪い影響を与えることを心配していますし、一方の子どもばかりが我慢する状態が続けば、きょうだいが「一緒」で「同じ」という理想に反してしまいます。これは、親が子どもの行動を促進するだけでなく、行き過ぎにストップをかけることも社会化のひとつの方法であることを示す例です。

珠美さんは、3人の男きょうだいの長男である瑠太くんが、思っていた以上に自分の感情を押し殺し、我慢していることに気がついたエピソードを話してくれました。母親である自分の忙しさをおもんぱかることができるという子どもの成長には喜びながらも、瑠太くんに我慢をさせすぎてしまっていることへの自戒の念が表れているのが印象的です。

> 下の子2人の幼稚園で、クリスマス会があって、たまたま上の子も一緒に連れてったんですけど、上の子が来るってことは先生には言ってなかったから、瑠太ひとりだけプレゼントがなかったのね。なにももらえなくて、そしたらあとでメソメソしてたんですよ。ひとりでこっそり泣いてて。私はぜんぜん理由がわからなくて、何で泣いてるの？ ってよく

よく聞いたら、ずいぶん前のそのクリスマス会のことだったんです。ま
あ、なんか我慢してる部分とか、多いみたいですよね。お兄ちゃんであ
るがゆえにね。あんまり言わないの。溜め込むタイプみたいですよね。
下の子たちとそれは違う。だから、やっぱり瑠太にかける時間が少ない
よなあ、っていう反省じゃないけど、すまんねえ、っていう気持ちはあ
るよね。「ママ、忙しいから」って、どっかでちょっと漏らしてたみた
いでね。友だちのお母さんにそれ聞いてね、わかってるみたいですよね
…（感慨深げに）。

　我慢しすぎてしまう、溜め込みやすいタイプの子どもには、親としてどう
接すればよいのでしょうか。その答えの1つがきょうだい関係の社会化にあ
ると日本側のデータは教えてくれています。きょうだいとは、自分の本当の
感情（本音）や他人には見せない欲望などをさらけ出しやすい関係がありま
す。朝子さんは、我慢が身につきすぎてしまった長女には、子どもらしいわ
がままもきょうだいの間では許されるべきだと考えていました。

時々自分がまるで母親のように、下の妹の世話をしようとするので、そ
ういうときは見てて、ちょっと可哀想なんじゃないかと思うときがあり
ます。この子もこの子らしく、子どもなりにわがままを言ったり、そう
いうふうに振舞ってもいいのではないかと思うけれども、時々自分が姉
として、非常に我慢していたり、そういう態度が自然と見られて。そう
いう立場上っていうか、自然に身についたのか、私がそうさせたのかわ
からないんですけれども、そこらへんがね、上としてということばかり
ではなくて、1人の子どもとして自分もわがまま言ったり、もっとのび
のびと、赤ちゃんぽく振舞うというときもあっていいし、そういうもの
が持てていけたらいいんじゃないかと思うんですけれども。

　我慢強すぎる年上の子どもに対し、自己主張を促しながら、我慢しなくて
もすむ状況を作るように、具体的に教えようとしていたのは里江子さんで
す。以下の引用では、長女の亜希子ちゃん（8歳）が弟に対して我慢しすぎ

第4節 「我慢する」

ていると判断されたときに、「本当は今どう思っているの？」と言葉をかけています。そして、娘の本音を引き出した上で、それをどのように表現すれば、ケンカにならないで、自分の気持ちが伝えられるかを一緒に考えようとしています。

　　よくね、大人の間だと、仕方なく引き受けたってことあるじゃないですか。で、それもどうってことないことだったら、まあちょっとここで我慢すればいいや、って思って、やってることかもしれないんだけれど、それがあんまり積み重なると役割ができてしまって、いつも引き受ける人、いつも頼む人、っていうつきあいにだんだんなっていったりしてしまうと思うんですね。どちらが悪いということじゃなくて、やっぱりお互いに聞いてもらう、聞く、という作業が足りないんじゃないかって思うんです。頼むほうにしても、あなたがほんとはどう考えているのか聞かせてほしいとか、そういういう関係を作るとかね。そういうことがあったなら、お互いにストレスの少ない関係が作れるじゃないかと思うんですよね。でも日本人は、特にそういうの苦手だし、娘を見ていても、家ではほんとに弟には言いたいこと言って、親にもけっこう言ってやってるのに、外に出ると思ったことが言えなくている姿なんか見たりすると、もっと上手に自分がいい気持ちになる方法を考えてみたらいいんじゃないの？　って言うんですね。そんな、グチグチして帰ってくるんじゃなくて、そこでひとこと言ってみたら、だめかもしれないけども、言ったという気持ちがあるだけだけでも、ずっといい気持ちで帰ってこれるんじゃないのかなあとかって言うんですね。そうすると、次はやってみるーとか言ってるんですけど。そういうことを、あえて講習会じゃないけど、したりすることもありますね。弟に対して、一方的に娘が我慢したときなんかもね。そういうときに、そういう我慢をしていいや、って思う方法もあるけど、でも今どんなふうに思ってる？　って聞くと、こうでこうでこうで、って言ったら、それをそのまま言ったらきっとケンカになるけど（笑）、こういうふうに言ったら聞いてくれるんじゃないかなあ、少しすっきりするんじゃない？　っていうと、なかなか身に

つきませんけど、そういうふうにしたりすることもありますね。お友だちとのことなんかでも、そういうことがあったときに、じゃあだれだれのつもりで言ってみて、って娘に言わせて、今みたいに言ってみたらいいんじゃない？　って。

　この引用では、まず里江子さんは、本音を隠し、我慢することで円滑に回っていると思われがちな大人の社会のことを話題にしています。このインタビューは、親が子どもたちをどのようにきょうだいとして育てているかがテーマでしたが、グラウンデッド・セオリー（P.29参照）などの理論に基づいた半構造化面接では、インタビューに答える人（インフォーマント）自身がテーマに関連すると判断したことについては、なるべく自由に「脱線」していただきます。このようなインタビュー方法が「半」構造化面接とよばれるのは、インフォーマントの希望や判断に応じて研究者側が柔軟に対応し、あらかじめ用意した質問項目を一部省略したり、新しい質問をその場でつけ加えたりするためです。里江子さんの「脱線」の様子からは、我慢をしすぎず、言葉を選んで自己表現することは、大人になってからの社会生活で、重要なスキルとなるという考え方が浮かび上がってきます。性格的に我慢しすぎてしまう子どもであっても、きょうだいの間でならば率直なやりとりができやすく、成功体験を重ねることで自信が生まれます。きょうだい関係は、人との付き合いかたについて試行錯誤しながら学ぶ上で、貴重なお手本と練習の場を提供してくれるはずだという日本の親たちの考えが表れています。

第３章 親によるきょうだいの社会化
　　　──カナダの場合

第1節　私が出会ったカナダ人のこと

　では今度は、19組のカナダ人の父親と母親、あわせて38人へのインタビューを基に、きょうだいの社会化におけるメインテーマを探っていきましょう。家族の募集方法については、日本の場合とほぼ同じで、大学近隣の幼稚園と小学校に手紙を配布して依頼したほか、知り合いなどのつてをたどって確保しました。20組が目標でしたが、残念ながら兄と妹のペアだけがどうしても1組不足してしまい、最終的には19組となりました。

　まず最初に確認しておきたいことは、カナダ人という言葉が誰を指しているのかということについてです。この聞き取り調査は、ヨーロッパ系カナダ人を対象として行いました。ご存知のように、カナダ連邦はアメリカ合衆国と同じく、原住民とよばれる人々の住む土地に移民としてやってきた、旧大陸のヨーロッパ人らが建国しました。ですから、私のインフォーマントであるカナダ人は、古くは19世紀ごろから現在にかけて、ヨーロッパからカナダへ移り住んだ祖先を持つ人々です。

　これらのヨーロッパ系の人々は、多民族国家であるカナダにおいては、メンバーの一員でしかありません。アメリカにナバホ族やホピ族が暮らしていたように、カナダはイヌイット（またはイヌヴィアルイット）とよばれる極北の先住民族の生活の場でした。カナダに移り住む人々の数は、17〜18世紀にかけて急激に増加し、外来のヨーロッパ系の人々が国を動かすようになりましたが、カナダではイヌイットの人々のことを First Nations と呼んで、彼らが最初のカナダの民であったことをリスペクトしています。

　岸上伸啓さんは、イヌイットの現代の生活の様子を詳細に調べて、『カナダ・イヌイットの食文化と社会変化』（世界思想社、2007年）という本にまとめています。これを読むと、イヌイットの食生活は、南部から空輸されてきたスパゲティーやホットドッグなどを食べるというように「白人化」しながらも、スノーモービルやライフルを駆使してアザラシ猟などに出かけ、獲物

はコミュニティー全体で分配し、生食するという伝統文化を継承していることがわかります。極北の先住民族は、かつては「エスキモー（生肉を食べる人）」と差別的によばれていましたが、1983年にはケベック州政府によって「ハンター・サポート・プログラム」の予算が組まれるなど、イヌイットの文化継承を支援するための行政的取り組みもなされるようになりました。

　カナダでは、現在も多くの移民がカナダ国籍を取得していますが、そのなかには日系カナダ人も多く含まれます。飯野正子さんの著書『日系カナダ人の歴史』（東京大学出版会、1997年）によれば、カナダへ入国した最初の日本人は、永野万蔵という長崎出身の船乗りで、1887年にバンクーバー沖に停泊中に下船し、たまたまカナダにとどまったのが発端だったようです。当時のカナダは、大陸横断する「カナダ太平洋鉄道」の終着駅がバンクーバーとなったことで西部の開発が急速に進み、横浜とバンクーバー間には定期航路が開かれました。このような状況のなかで、日本からの移民は大きな労働力となり、例えば1891年には、バンクーバー島のカンバーランド炭鉱で100人の日本人労働者が雇用されたという記録も残っています。

　飯野さんの著書によれば、1880年代後半の日本は、西南の役のあとの松方デフレ政策によって米価が低落するなど、農村は深刻な不況を抱え、離農離村を余儀なくされる人々が多くいました。カナダ移民送出数の最大を占めたのは滋賀県で、現在の彦根市にあたる八坂、三津屋といった「湖東移民村」が知られているほか、和歌山県、広島、熊本、福岡、鹿児島などから多数の日本人がカナダに渡り、カナダ人としての地位を獲得しました。

　これらの日系カナダ人は、第二次世界大戦中には敵性外国人として非常に不当な扱いを受けました。戦後の人権意識の高まりによって、リドレス運動とよばれる補償要求の動きが起こりましたが、カナダ政府が謝罪し、ようやく補償が実現したのは、1988年のことでした。

　日系人が多く定住したブリティッシュコロンビア州では、満州事変に触発されて反日感情が高まりました。ハワイの真珠湾が攻撃されると、カナダも対日戦線を布告し、日本人学校は閉鎖、日本語新聞3紙は発行停止となり、日系人所有の企業は資産を凍結され、日系人所有の1200隻以上の漁船は軍によって押収されました。シンガポールが陥落すると、アメリカとカナダは

平行して日系人に対する強制立ち退き政策を進め、カナダの日系人は、ブリティッシュコロンビア州のゴーストタウンに作られた内陸収容所に送られて、労働に従事させられました。

　第二次世界大戦中の日系人に対するバッシングは、アメリカとカナダでほぼ同時に進行しましたが、その内容には多少の違いが見られました。例えばアメリカでは、結婚相手の人種や国籍に関係なく、日系人であれば誰でも立ち退きの対象となりましたが、カナダでは、日系人女性が、日系人以外の男性と結婚した場合、その女性とその子どもは立ち退き・収容を免れました。しかしアメリカの政策よりも厳しかったのは、カナダの日系人の財産が押収されただけでなく、強制処分された点です。これは、戦後のカナダ社会で日系人が経済進出するのを大きく遅らせた原因になったと言われています。

　カナダに留学したころは、少女時代に愛読した「赤毛のアン」の故郷プリンスエドワード島や、映画「バック・トゥ・ザ・フューチャー」で主演したマイケル・Ｊ・フォックスさんがカナダ人であることくらいしか知らなかった私に、イヌイットの人々や日系カナダ人の存在を教えてくれたのは、カナダで出会った友人たちでした。

　マーゴ・シューメイカーさんは大学院の秘書で、私がお世話になった方のひとりです。学生はもちろん、先生方にも鋭く意見をされるので、少々おっかないのですが、眼鏡のむこうの目はいつも優しく光っていました。私がティーチングアシスタントの奨学金をいただいたものの、自分の英語力で大学生のゼミ指導を担当するなんて無理だと尻込みしたときは、「カナダの学生たちが、あなたのような留学生と関わることはとても大事なことなのです」と叱咤激励してくれました。マーゴさんが、自分は行かれなくなったからと譲ってくださったのは、スーザン・アグルカークさんというイヌイットの人気シンガーソングライターのコンサートのチケットでした。前から３列目の席からは、アグルカークさんの大きな瞳がよく見えて、彼女が私を見ながら歌っていたようにすら思えたものです。コンサートから帰ってきて、そのことを報告すると、マーゴさんは満足そうに微笑んでいました。

　日系カナダ人のことを教えてくれたのは、キャシー・オノデラさんでした。日系３世である彼女は当時、ゲルフ大学で昆虫の研究をしている大学院

生で、日本人留学生のレポート課題を辛抱強く手伝ってくれる有り難い存在でした。本好きのキャシーは、私が家族について研究しているというと、『Obasan』という不思議なタイトルの本を薦めてくれました。ジョイ・コガワさんという日系カナダ人作家の、戦争中の実体験に基づく物語です。主人公の少女は、収容所で叔母にあたる女性に育てられるのですが、その叔母のことを本文の中で Obasan と親しみをこめて呼びかけています。そのほかにも、「She is yasashii」とか「You must be tired. Mo nemasho」などのように、文中に懐かしい日本語が出てくる読書体験はとても新鮮で、すべてを英語にしなければならないとプレッシャーを感じていた私をほっとさせてくれました。

　カナダで留学生として7年間生活する間には、いろいろな場面でカナダの多民族性を肌身に感じることがありました。私にとって心地よかったのは、肌の色が違ったり、言葉がたどたどしかったりすることが、周囲の人々にとっては大して気にならないらしいということでした。多民族性という点では状況が似ているはずのアメリカでは、私が日本人だとわかると、トヨタ、キョウト、スシやサムライの話題になることが多かったのですが、カナダではそういったこともほとんどなく、こちらが拍子抜けするほどでした。

　外国人かな？　と気がついているのでしょうが、その上でごく自然に接することがカナダの人たちは上手です。たとえば、初対面の人から「どこから来たのか」と挨拶代わりに聞かれたり、こちらはまだ「ハロー」としか言っていないのに「英語がうまいね」と言われたりすることはありませんでした。相手が外国人なのかどうか、ということを特別に意識しないし、確認する必要も感じていないようでした。モルソンというカナダの大手ビール会社のキャッチフレーズは、I am Canadian というのですが、そのビールを飲めばだれもがカナダ人を名乗れるような気持ちすら抱いたものです。

　多民族社会で生活する上では、むしろ私自身が戸惑うことのほうが多かったともいえます。よく失敗していたのは、アジア系の顔立ちをした同年代の学生に会うと、つい「Where are you from?（どこの出身？）」と聞いてしまうことでした。自分と同じ留学生だと思い込んでの質問ですが、彼ら彼女らはカナダ人ですから、返ってくる答えは「I am from here（私はここの人間だ

よ)」。そう言われるたびに「またやっちゃった」と恥ずかしく思ったものです。

　学位論文の指導は、メインのアドバイザーを中心に、そのテーマを専門とする教授数名が構成するコミティーというグループで行いますが、スーザン先生とともに論文指導に当たってくださったのは、レオン先生とヴィクター・ウジモトという社会学の教授でした。レオン先生は、クチンスキーという苗字が特徴的な、ポーランド移民の子孫でした。私が留学中に離婚して旧姓の胡口に戻ったとき、Koguchi というスペルを見るなり、自分の苗字である Kuczynski（クチンスキー）とよく似ていると驚き、いい名前じゃないか、と嬉しそうに言ってくれたことがありました。彼のこの無邪気なひとことが、気持ちの定まらなかった当時の私を、どれだけ慰めてくれたかわかりません。

　もう一人のコミティーメンバーであったヴィクター・ウジモト先生は、日系２世のカナダ人でした。ウジモト先生はウインクが上手で、口では少々厳しくダメ出しをしながら、「あなたががんばっていることはわかっているよ」といいたげな笑顔をよく向けてくれました。しかし、私が論文のなかで「文化心理学という戦場において、日本はその最前線にあたる」というある学者の文章を引用したところ、「唯子がこのような引用を持ち出すとは」とショックを受けておられたと、後日スーザン先生から聞かされました。

　ウジモト先生から個人的な話を聞かせていただく機会はありませんでしたが、先生のご両親である日系１世のカナダ人は、日本がアメリカと戦争をしたことによって、財産も土地も奪われ、敵性外国人として差別された過去を持っておられたはずです。ウジモト先生ご自身も、戦争の辛い記憶をお持ちだったことでしょう。日本人である私に、比喩であっても、戦争のことを軽々しく持ち出してほしくなかったのだと気がつきました。私に直接話せば、その部分を書き直させることになってしまうだろうと遠慮され、それでも正直な気持ちを伝えてくださったウジモト先生にはとても感謝しています。

第2節　カナダの親によるきょうだいの社会化

　カナダの親によるきょうだいの社会化に共通するテーマは、日本のテーマより2つ多く、全部で6つ見つかりました。まず、親にとっての子育ての時空間を示す「ヒア（here）」と「ゼア（there）」、さらに「ホーム（home）」、「ボンド（bond）」、「テイキング・リスポンシビリティ（taking responsibility）」、「ディーリング・ウィズ・プロブレムズ（dealing with problems）」です。
　「ヒア」と「ゼア」は、直訳すれば「ここ」と「むこう」という意味です。しかし、「ヒア」と「ゼア」は単なる指示語として以上の意味をここでは含んでいます。「ここ」と「むこう」は地続きです。「ここ」には手が届き、「ここ」にあるものや人はある程度まで自分の思うようになります。しかし「むこう」は自分から遠く、直接は手が届きませんから、そこでの状況は自由に動かせません。これはカナダ人の親にとって何を意味するのでしょうか。
　さきほど、アジア系のカナダ人学生が「I am from here」という言い方で自分の出自を表現するというエピソードを紹介しましたが、「ヒア」に含まれるのは「この場所で、私は影響力を持っている」という自負と自信です。カナダ人の親にとって、子どもが幼く、自分の庇護や管理のもとにあって、子どもの側も明確に親を必要としている状況が「ヒア」です。北米圏で親が小さい子どもを叱るようなとき、「Emily, come here」（エミリー、ちょっとここへいらっしゃい）でお説教が始まることがよくあります。子どもにとっては、「どうしよう、叱られる！」とドキリとする親の第一声です。同じように親の近くへ子どもを呼び寄せるのでも、「ほら、これを見てごらん」というような場合は、「Emily, come check this out」とか、「Why don't you come see this?」などと言うようですから、「ヒア」が意図的に使われていることがわかります。
　これに対して、「ゼア」というのは、「ヒア」ではないどこかであって、自

分の影響力が思うように及ばない他者のテリトリーです。きょうだいの社会化という意味では、「ゼア」とは子どもが成長し、自分の頭で考え、自分の足で歩けるようになったために、親の庇護を徐々に離れ、固有の世界を持ち始めるそのときに子どもたちが存在する場所を指しています。

「ヒア」と「ゼア」では、親の意識に天と地ほどの違いがあります。たとえば両親の寝室のクローゼットで、子どもたちが母親のネックレスを引っ張り出して遊んでいるのを母親が見つけたとしましょう。このお母さんにとって、子どもたちがいる場所は「ヒア」でしょうか、それとも「ゼア」でしょうか。

答えは「ヒア」で、「What are you doing here?」つまり「ここでいったい何をしているの！（どういうつもりなの！）」と、お目玉が飛んでくるはずです。寝室のクローゼットは母親個人にとっての「プライベートな空間」だからです。この状況では間違っても「What are you doing there?」（そこでいったい何をしているの？）とは言いません。この表現は、親自身が子どもの活動に純粋な興味を持って、その内容を質問しているという意味になるからです。

この「ヒア」と「ゼア」の関係や意味の違いは少しわかりにくいかもしれません。カナダ人には当たり前だけれど、日本人にはピンとこない、つまりカナダ人の親たちにとっての「エミック」の世界が、まさにここから始まるのです。この2つのテーマは、日本とカナダのきょうだいの子育ての違いを考える上で、重要な役割を果たすことになりました。

「ホーム」（家庭）は、「子どもたちにとって、安全で快適で公平な環境」を意味する言葉です。「ホーム」が安心してくつろげる場所であることによって、きょうだいである子どもたちははじめてお互いを知ることができるようになる、というのがその理由です。さらに「ホーム」という環境は、親が積極的に作り出し、維持管理するものであるという意識も明確に示されました。「ホーム」は「ヒア」と関連の深いテーマです。

「ボンド」は接着剤の商標名にもなっているように、「きょうだいのつながり」を意味します。カナダの親たちは、きょうだいは、血縁と経験を共有することによってつながれると考えていました。ただし、こういったつながり

できょうだいが生涯を通してかかわりを持ち続けるということは、親の願望でしかなく、実際に子どもたちの関係がどうなるのかということは、親にはわからないし、手のくだしようがないという一種の諦めが含まれていることは興味深い点です。

「ホーム」と「ボンド」が名詞であるのに対して、「テイキング・リスポンシビリティ」と「ディーリング・ウィズ・プロブレムズ」は動詞を含んでおり、子どもたちに獲得してほしいと親たちが考える、特定の行動を表しています。「テイキング・リスポンシビリティ」は「責任を取る」という意味で、「ディーリング・ウィズ・プロブレムズ」は「問題や困難を解決する」という意味です。この2つの行動や態度を子どもたちが身につけることによって、いずれは親から独立し、それぞれの人生を歩みながらも、子どもたちがきょうだいとして、またベストフレンドとして互いに支えあうことができるだろうというのがカナダ人の親たちの基本的な考えであり、願いです。

第3節　「ヒア(Here)」と「ゼア(There)」：こことむこう

①「ヒア」と「ゼア」——巣立ちの予感と子離れの覚悟

では、「ヒア」と「ゼア」をくわしく見ていきましょう。「ヒア」と「ゼア」は、1枚のコインの両面のようなものということができます。親たちが「ヒア」という言葉で、親の庇護のもとにある幼い子どもたちを意識するときは、彼らがいつか大人になるということが同時に意識に上ってきます。逆に、子どもたちが親元を巣立っていくことを意識するときは、今ここで自分が果たさなければならない親としての務めを改めて自覚するのです。

しかし、コインの裏表とは違い、「ヒア」と「ゼア」はその境目（色目）がはっきりしないことも特徴のひとつです。虹の7色のように、色が変化する境目はあいまいで、どこでヒアが終わって、どこからがゼアになるかは親の視点や意識、子どもの態度などでも変わってきます。たとえばさきほどの

クローゼットの例でも、仮に親が「今日はママのクローゼットで好きなように遊んでいいわよ」と許可したとすれば、その日だけはクローゼットも「ゼア」になります。ダイニングテーブルなどの共有スペースは、一日の中で「ヒア」になったり「ゼア」になったりする場所です。親が子どもの食べこぼしを注意したり、食事中にふさわしい話題を選ぶなど、その状況を仕切っていれば、そこは「ヒア」です。子どもたちがテーブルで肩を並べて宿題をしたり、絵を描いて遊んでいるのを、親が見守っているような状況であれば、同じダイニングテーブルであっても、そこは「ゼア」になります。

「ヒア」と「ゼア」のもうひとつの特徴は、心理的そして時間的な要素が関係していることです。「ヒア」は親の目が行き届いている状態ですが、「ゼア」は未来の子どもたち、あるいは未来をほうふつとさせる現在の子どもたちの様子を指します。子どもたちが無事に成長して独り立ちし、親が仲を取り持たなくても、きょうだいでうまくやれること、これが「ゼア」に到達した子どもたちの未来予想図です。親たちは子どもたちを「ゼア」に送り届けようと努力しながらも、刻々と自分のもと（ヒア）を去っていく子どもたちの後姿に、感傷的になったり、不安になったりもするようです。まだ幼さを残しながらも、刻一刻としっかりしてくる子どもたちを見ている親としては、一方で成長を喜びながらも、いずれやってくる巣立ちの時期を思って、一抹の寂しさや不安を感じていることが、「ヒア」と「ゼア」の使いわけ方からうかがえます。

さらに、親が子どもに対して持ちうる影響力は、子どもの発達レベルや能力と反比例しているので、現在がもっとも強く、時間が経つにしたがって衰えます。このため「ヒア」では親が自信と確信に満ちて行動できるのに対し、「ゼア」では親が自分の能力の限界を自覚しているために、言動に迷いや戸惑いが見られるようになります。

②「ヒア」と「ゼア」をカーリング競技の比喩から考える

「ヒア」と「ゼア」の関係について、とても印象的な比喩を使って説明してくれたのは、10歳の息子と6歳の娘を育てるウォルターという父親です。ウォルターは「ヒア」と「ゼア」の関係を、スポーツのカーリングの喩えを

使って、わかりやすく話してくれました。カーリングは、北国カナダでは人気のあるウインタースポーツですが、日本でも 2006 年のイタリア・トリノ冬季オリンピックで日本の女子チーム（チーム青森）が活躍して、よく知られるようになってきました。カーリングは、長さ 40 数メートル、幅 5 メートル弱の細く長い氷のコートの端から、ストーンと呼ばれる重さ 20 キロほどの石に取っ手（ハンドル）をつけたものをまっすぐに投げ、円内に入れて得点を競う競技です。チームは 4 人で、ひとりはストーンを投げ、あとの 3 人は、ストーンが氷の上を滑っていく途中で、ストーンの速度や方向を調整するために、デッキブラシやほうきのような道具を使って、激しく氷を擦ります。

ウォルターに言わせれば、このストーンが子どもたちを表し、それを投げる役のプレイヤーが親、氷を掃くのが子どもたちの身近な人々である友人らということになります。ではウォルターに語ってもらいましょう。

　　カーリングでストーンを投げますよね。子育ての親の役目って、あれと似ていると思うんですよ。最初は、自分の手のなかにストーンがあって、あれは重いから、ちょっとやそっとじゃびくともしなくて、自分が動かさない限り、どこにも行ったりしませんよね。それをしっかりと持って投げるわけですけど、ある時点から少しずつグリップを緩めて、ストーンをリリース（放す）しなきゃいけない。もちろん、投げる方向とか、速度とか、勢いとかっていうのは、親が与えるわけです。でも、手を離した瞬間、投げる人の役割はそこで終わりです。もうストーンとは離れてしまう。いずれ子どもたちは私の言うことなんか、聞かなくなるんですよね。今はまだ、ストーンを投げたばかりで、ストーンは氷の上を滑り出し始めているけれども、まだ投げた人の手の感触が残っている、そんなタイミングでしょうかね。子どもたちは、まだ親を必要としていますし、親に認められたいと思ってます。親がいろいろ教えてやれることもありますけど、でも、そういうのもすべて、これから時間が経つにつれてどんどん減っていきます。親の代わりに、今度は社会が子どもたちの世界に大きく入り込んでくるからですね。カーリングでいう

と、氷を掃く役目のプレイヤーがいますけど、あれは子どもたちにとっての友だちとか、そういう人々にあたるんでしょうね。あの人たちの役目、ってね、なんなんだろうね。ストーンに与える影響は、投げた人よりも小さいはずだけど、ブラシでごしごし擦ったりね、動きが派手っていうか、すごく影響を与えてるようなふうに見えるよね。まあ、ブラシで掃いたりとか、そういうことも、ちょっとは影響あるんでしょうけどね。しかし、所詮はやっぱり最初にどう投げられたかということが一番大事で、で結局ストーンは、最後はしかるべきところまで滑っていって、そこで止まる、と。

カーリングの比喩は、「ヒア」と「ゼア」の関係や、そこにまつわる親としての複雑な心境を見事に表しています。「ヒア」から「ゼア」に行くのはストーンであって、親である投げ手は、「ヒア」に残らなければなりません。投げ手は、ストーンと一緒に「ゼア」に行くことはできないというのがゲームのルールですから、小さいころから献身的に世話をして育てた子どもたちが自分の手を離れて行くことを、親として受け入れなければなりません。手を放した瞬間から、ストーンはひたすらに「ゼア」へ向かって滑って行き、親はストーンの取り巻きたちがかいがいしく動き回っているのを、不安と期待を抱きながら見守るしかないわけです。ウォルターの言葉には、掃き手たちの働きも認めつつ、やはり子どもたちが最も必要とするものを与えたのは親である自分だという自負が感じられます。

③「ヒア」と「ゼア」を社会化する

カーリングのルールという言葉を先ほど使いましたが、「ヒア」と「ゼア」に関するカナダの親の心境は、カナダを含む北米文化に共通して見られる、子どもたちの「巣立ち」のルールと深く関連しています。親の視点から見れば、子どもが生まれ育った親の家は「ヒア」であり、成長した子どもたちがそこから出て自分の住居を構えれば、そこが「ゼア」になります。

アメリカやカナダでは、子どもは大学生くらいの年頃になれば、親元を離れるのが当たり前らしいと聞いていましたが、親たちがそのとき、実際にど

んな気持ちでいるのか目の当たりにしたのも、スーザン先生を通じてでした。彼女には二人のお子さんがいて、うらやましいほど仲のよい親子でしたが、上のお子さんである長女のローレンさんの高校卒業が近くなるにつれて、スーザン先生が雑談のなかでローレンさんを話題にすることが増えてきました。スーザン先生は繰り返し「ローレンは家を出なければならないの」と言うのでしたが、彼女の声には、自分を納得させようとする響きが感じられました。

　母親であるスーザン先生にとって娘の巣立ちとは、決して心穏やかでない大きな出来事だったようです。ローレンさんは、母親が教えている大学へ学生として入学することが決まっていました。ローレンさんが引き続き親元に住んで、たまには通勤する母親と一緒に大学へ行けばお互いに便利なのに、と私には思えたのですが、カナダでは高校を卒業しても親と一緒に住むということは、よほどの事情がない限り、親たちは選択しないようでした。大学生ともなれば、何人かの友人が集まってアパートを借り、シェアして住むことが当たり前なのです。広さも家賃も手ごろな物件が多いという住宅事情はありますが、18歳になれば選挙権を持つ一人前の大人として、親から独立して自分の生計を管理できるはずだし、そうするべきであるという社会通念は日本と比べて際立っています。

　カナダでも、親子の情は日本と同じように連綿と続き、生計を分けたところでそれが途絶えるわけではありません。むしろ簡単に切れないつながりだからこそ、物理的に住居を分けたり、経済的に分離することが必要だと考えるのでしょう。そのためには、子どもたちがまだ小さいうちから、親が意図的に親の領分である「ヒア」と子どもの領分である「ゼア」を使い分け、来るべき時に備えようとするのがカナダ流、簡単に切れないものなら無理に切ろうとせず、つながっていることを生かそうとするのが日本流なのかもしれません。

a「ヒア」：親の力が及ぶ時空間

　「ヒア」の意味をさらにはっきりさせるために、インタビューから引用してみましょう。「ヒア」の特徴とは、親と子どもたちの距離が近いこと、親

第3節 「ヒア (Here)」と「ゼア (There)」：こことむこう

が権威を持つ存在であること、そして親が子どもに影響を与えることは、理にかなっていて、疑いの余地がないと親が考えているということでした。カーリングの比喩で言えば、ストーン（子どもたち）はまだしっかりと投げ手（親）の掌中にあります。親は自分の役割をはっきりと理解していますし、状況を的確につかんでいて、判断を下すことに迷いがありません。親として私は正しいという自信と確信に満ちた、毅然とした態度が、「ヒア」という言葉の背景にはあります。このあたりは、たとえば「客観的事実」が存在しないという前提で中立な立場に立とうとしながら、結果的に子どもたちに譲歩せざるを得ない日本の親たちの姿とだいぶ異なります。

　シェリルは二人の息子を持つ母親ですが、彼女が「ヒア」をきょうだいの子育てのどのようなシーンで使っているかを見てみましょう。シェリルは、次男を連れて、車で長男を学校へ迎えに行きますが、長男がお腹を空かせているのに、次男は自分の分のおやつをシェアしようとせず、車の中にはその他のおやつの用意がない、という状況に直面しました。この場面では、車の中という限定された空間が「ヒア」にあたります。狭い車の中で、おやつを分けてもらえなかった長男は、空腹で機嫌が悪く、泣きべそをかくなどしたのでしょう。親としては、一刻も早く手を打って、収拾を図りたい状況です。

　なぜ次男に対して、おやつを兄に分けてあげるようにと言ったのですか、という質問に、シェリルはこう答えています。

> それは、ハリー（7歳）がお腹が空かせているという現実があって、それを今ここでどうにかしなければならなかった、ということでしょうね (Harry had a physical need that needs to be met here)。エリック（3歳）の好意に期待するとかそんな悠長なことは言っていられないわけですよね。選択の余地はないんです。だって、ハリーはお腹が空いてて、なにか食べないとならなかったわけで、その場で食べ物を持っていたのはエリックだけでしたから。私が、おやつをハリーに分けてあげなさい、と言ったとき、エリックは最初はすぐにノーと言いましたけど、「ハリーはお腹が空いて、ペコペコで、悲しい気持ちなのよ」ということをはっきりさせたら、エリックは自分のおやつを分けてやっていました。

シェリルの例では、「ヒア」は車の中という閉じられた空間を指しています。「ヒア」の意味は「ここ」に限定されません。たとえば相手に物を手渡しながら「ヒアユーゴー（Here you go）」といえば、「はい、どうぞ」という意味になります。「ヒア」が指しているのは、行為者（ここでは親）の手が、現実面で物事を動かし、相手にダイレクトに影響を及ぼすことができるという力強さや確実性を持った状況そのものを含んでいます。別の母親アリスは、きょうだいの関係性がどうあるべきかについて、親の影響力がきちんと効力を持っている状況を指して「ヒア」という言葉を使っています。

> エリオット（10歳）が、妹（6歳）のイリーナのバレエのレッスンについていくのが嫌だとぶつぶつ文句を言ったので、私は「イリーナは、あなたが野球の試合に出るときは、いつも来てくれるでしょう。イリーナがそのことで文句言ったのを聞いたことあるかしら？」って言いました。エリオットはちょっと考えて、「ないな」と言ったので、「ほらね、お互い様でしょう（You know, there is a trade off here）」って。

ここでエリオット君は、母親であるアリスから疑いようもない事実、つまり妹は一度も文句を言わずに、黙って自分の野球の試合につきあってくれていることを示されていますので、バレエのレッスンについていくのは嫌だというわがままが通らないことを認めざるを得ません。アリスは、高い勝算を持ってエリオットに向き合っていますし、息子にはこの件について有無を言わせないという明確な意思と自信が感じられます。

b 「ゼア」：親の力が及ばない時空間

「ヒア」の例では、自信に満ちたカナダの親たちの様子をご紹介しましたが、カナダの親たちも、子どもが思うようにならなくてイライラすることもありますし、将来に対する不安も感じています。

将来についての最大の不安は、親である自分たちがいつか、おそらく子どもたちよりも先に死んでしまう、つまりこの世（ヒア）を去らなければなら

第3節 「ヒア（Here）」と「ゼア（There）」：こことむこう

ないということでした。その時、子どもたちがきょうだいとしての関係を維持し、うまくやっているということは、カナダの親たちにとっても切なる願いのようでした。たとえばピーターは、「なぜ子どもたちに、お互いに助け合える関係を築いてほしいかといえば、それは妻のレイチェルと私がもうこの世にいられなくなってしまうときが、いつか来るからです」と話しました。原文は「I want my children to be there for each other because there will come a time when Rachel and I aren't here」です。

　「ヒア」が親と子どもが共存し、親の影響がきちんと子どもたちに届く時空間であるのに対し、「ゼア」は親が入ろうとしても入ることのできない領域を指しています。きょうだいがノリノリで遊んでいるような時、子どもたちの特別な世界があるように感じて、声をかけたり邪魔したりするのがはばかられる経験をする親は多いと思いますが、カナダの親たちによれば、そのような状況が「ゼア」で表されます。「ゼア」は自分の影響力が及びにくいため、親たちはいささか落ち着かない気持ちになりますが、それは子どもたちだけの時間や空間を尊重しようと努力しているがゆえです。

　「ゼア」にまつわるエピソードを、さらにインタビューから拾ってみましょう。さきほどのピーターの言葉にもあるように、最終的にはきょうだいが「ゼア」にいること（be there for each other）は好ましいことであり、きょうだいの社会化における最終目標と言ってもいいでしょう。しかし、3歳から10歳といった年頃の子どもたちは、まだ「ヒア」を完全に離れた「ゼア」の境地、つまり親から自立するレベルには到達できていません。親としては社会的にも監督責任がありますから、ほどよい距離で子どもたちを見守っている必要があります。ほどよい距離とは、必要に応じて親の言うことに従わせつつ、それ以外はのびのびとさせておけるような距離感です。

　もちろん、それは口で言うほどやさしくありません。子どもたちが「ゼア」にいることを心から楽しんでいたとしても、その状況が不適切だと判断されれば、親はそこに介入しなければなりません。親の登場によって「ゼア」は「ヒア」に変化します。

　先ほど、車の中で親としての威厳を示し、おやつをめぐるケンカを未然に防いだシェリルですが、次のエピソードでは、彼女が自分の立場や役割に迷

いを感じ、落ち着かない気持ちになると言っています。車の中では、次男におやつを兄と分けるようにと冷静に要求できたシェリルですが、今回の状況では、子どもたちなりの関わり方を最大限尊重しようとして、少しイライラしています。ぎりぎりまで「ヒア」(親の領分)に踏みとどまり、「ゼア」(子どもの領分)に侵入すまいとしているからです。

> 男の子ってそういう遊びをするものよって、みんな言うんですけど、息子たちが床に転がって取っ組み合ったり、乱暴な感じになったりするときは、私はどうしても気になるんです。2人が楽しそうにしていても、落ち着かないですね。そういうときは、まずはできるだけ自分を抑えるようにしてます。それが子どもたちが遊んでもいい時間帯で、子どもたちなりのやり方で遊んでいるなら、私がもっとこうやって遊びなさいとか言ったりしないほうがいいわけなので。でも、やっぱりすごく気にして見ています。それで、もしちょっとやりすぎだなとか、わざとにしろ、わざとでないにしろ、どっちかがどっちかに痛い思いをさせるようなことが起これば、夫か私がすぐその場に入ります (either my husband or I are in there pretty quick)。ケガしたりさせたりっていうことについては、私たちは大目にみたりすることはしません。私がそういう場面を見たら、すぐにですね、だーっと入って行ってやめさせます。とにかくまずやめさせるためには、怒鳴ったりもしてしまいます。それから話を聞きます。

ここで、シェリルはほどよい距離を測りかねて、「ヒア」と「ゼア」の狭間に立っています。自分の不安や落ち着かなさを我慢しているのは、息子たちだけの空間である「ゼア」を尊重したいからです。安全上必要だと判断したタイミングで「ゼア」に入ることによって、その場を「ヒア」に変え、親としての権限を行使して子どもたちの関わり方を調整しています。「だーっと入って行きます」の原文は、「I barrel in there」でした。バレルは「樽」を意味しますので、子どもたちがふざけて乱暴な行動をはじめるやいなや、少し離れたところから見守っていたシェリルが、まるで大きな樽をゴロゴロ

と転がすように勢いよく現場に急行する、という図が浮かんできます。聞いたところでは、「barrel in」とは動き出したらもう誰にも止められない、圧倒的な勢いを持っている様子を表しているそうです。子どものころに見たポパイのアニメーションのようでユーモラスでもあり、子どもたちにケガをさせまいと神経を尖らせるシェリルの心情を思うと少し気の毒にも感じられる場面です。

シェリルに限らず、カナダ人の親たちがほどよい距離感にこだわるのは、この時点ですでに子離れを意識しているからのようです。子どもたちが「ゼア」をきちんと確立することができれば、大人になったとき、親は「ヒア」に、子どもたちは「ゼア」に居ながら、お互いに程よい距離を保ち、対等な人間関係を結ぶことができます。これが、カナダの親たちが考える理想の子離れです。

多くのアメリカ人やカナダ人は、子離れ、親離れを経た子どもと親がベストフレンドになれるのが理想だと言います。確かに大人になった子どもが親に対する時の様子は、非常に信頼する友だちと接しているように見えることもしばしばで、それはお互いの呼び名にも表れているように思います。たとえば夫のクリスがスカイプで米国に住む母親と話すときには、「マム（お母さん）」を使うことが多いのですが、ときどき母親のファーストネームで「ハーイ、キャシー」と呼びかけることがあり、母親のほうも「ハロー、クリス、どうしているの？」と自然に応じています。日本では最近、外見の面でも関係性の点でも、まるで姉妹のような母娘が増えているようですが、「クレヨンしんちゃん」ことしんのすけ君のように、母親を「みさえ〜」と下の名前で呼ぶこともそのうちに一般的になるのでしょうか。

父親に対しても同様で、「ダッド（お父さん）」のほかに、「やあ、スマッシュ、元気？」といった具合にあだ名で呼んだりします。「スマッシュ」というあだ名の由来は、夫と夫の兄グレッグが高校生のころ、父がガレージに大量発生したクモを片っ端からバシバシとつぶしたエピソードから来ているそうです。父の容赦ない手つきが、感動的に愉快だったという家族の思い出と結びついたニックネームなのですが、自分の息子たちから、「おーい、スマッシュ」と呼びかけられるようになった当時は、もしかしたら義父も少々

複雑な気持ちになったかもしれません。ついこのあいだまで「ダディ、ダディ！」と足元にまとわりついていた子どもたちが、今日は自分をあだ名で呼び始める、それはまさに「ゼア」の出現だからです。もっとも、夫に言わせれば、義父自身も自分の父親（夫の祖父）に特別なニックネームをつけ、親しみを込めてそれを使っていたとのことですから、義父も息子たちにニックネームをつけてもらえて内心ニヤリとしたというのが本当のところかもしれません。

第4節 「ホーム(Home)」：
安全で居心地のよい生活空間

①「ホーム」の意味──きょうだい関係の基礎となる理想的な空間

　マイホーム、ホームパーティー、ホームセンター、ホームルーム、ホームヘルパー、ホームレスといったように、「ホーム」という言葉はカタカナ語としてすっかり日本に定着しています。日本人の読者のみなさんにとっては、カナダの親たちからあげられたきょうだいの社会化の6つのテーマの中では一番親しみの持てる言葉かもしれません。

　ハウス（house）が家の物理的な側面を指すのに対して、ホーム（home）はそこに住む人々にとって安全で、快適で、居心地が良いという感覚的な価値判断を含んでいます。カナダの親たちによると、きょうだいをきょうだいとして育てる上で大切なのは、子どもたちにとって家（ホーム）が安全で快適であること、自由にのびのびと振る舞えること、子どもたちひとりひとりが大切に、公平に扱われることが保証されている場所であるということです。カナダ人の親たちは、ホームがこれらの条件を満たすように、様々な努力を惜しまないことがわかりました。

　「ホーム」が安全で快適であるためには、家族や仲間といった人々とのつながりや信頼関係があることが前提になりますが、きょうだい関係が社会化される場としての「ホーム」を管理・運営しているのが親です。カナダの親

たちは、たとえ家の中であっても、過失があり、事故があり、犯罪があり得ることをはっきりと意識しています。たとえ家族の間であっても、恥ずかしい思いをしたり、みじめな気持ちにさせられることもあるというわけです。カナダ人の親たちはそういった好ましくない状況を防ぐため、最大限に親の力、つまり「ヒア」の威力を発揮すべきだと考えています。

　家の中でのアクシデントを防ぐのは親の責任であるという強い信念は、「ホーム」についての語りのなかで非常に明確に伝わってきました。実は「ホーム」を安全で快適な場所にするという目的だけを考えれば、きょうだいはどちらかというと少々やっかいな存在です。きょうだいの関係づくりを考えれば、子どもたちが同じ空間のなかで寝起きしたり、遊んだり、ケンカしたりすることは必要なことであり、親たちもそれを望んでいます。しかしその一方で、きょうだいがいることによって、ケンカをして泣かされたり、不公平を感じたり、親しさゆえのきわどいジョークに傷ついたりする可能性もそれだけ高まってしまうことも事実だからです。

　もちろんカナダ人の親たちは、親の努力次第で多くのリスクを回避できると考えていますし、きょうだいが安心して自由に楽しく過ごせる時間や空間としての「ホーム」を提供できることに、親としての誇りや喜びを感じています。次の引用で、ジュディは自宅と学校とを比較し、子どもたちの成長にとって「ホーム」が大切な場所になっていることを強調しています。ジュディの語りから読み取れるのは、一般常識によって行動を制限されたり、他人からの評価や批判を気にすることなく、子どもたちがのびのびと過ごせること、年齢差にかかわらず、きょうだいが対等で、互いを理解し合い、受け入れあっていることが「ホーム」の居心地の良さだということです。

　　きょうだいと友達関係との違いは、きょうだいとはありのままでいられるっていうことでしょうね。ここは彼らのホームですから、何を言ってもいいし、何をしてもいいわけです。学校では、ひとりでむくれているわけにはいかないですけど、きょうだいなら虫の居どころが悪いようなときも含めて、お互いのことがよくわかっていますからね。自分らしく、ありのままでいられるという意味で、それはとても有利なことだと

思います。家（ホーム）でなら、想像力を自由に働かせて、何にでもなれるし、どこにでも行ける。そのことを誰かからくだらないとか、バカバカしいとか、言われたりしませんからね。この間の週末のことですけど、娘と息子がふたりで家のなかでキャンプごっこをしていたんです。遊んでいるうちに、冒険の旅がはじまって、家中を使って、まるまる2時間そうやって遊んでいました。そういうときの子どもたちって、まるで魔法にかかったみたいっていうのかしら、ものすごく楽しそうなんですよ。見ていて、びっくりするくらいに。ふたりは3つ違いなんですけど、それも感じさせないくらいに、のびのびとしていました。

「ホーム」の意味を考える上で重要なことは、「ホーム」の快適さや居心地の良さは、他者から与えられるものではなく、本来は自分自身の努力で獲得するものだという考え方です。「ホームルーム（homeroom）」という学校のしくみを例に、この点について日本と比較してみましょう。日本ではホームルームである教室にさまざまな教科の先生が入れ替わりやってきますが、アメリカやカナダでは、ロッカールームに荷物を置いて、各先生が定位置としている教室に生徒たちが行くのが通例です。日本の高校では、ホームルーム用の教室が固定されている上、座席も決められていますので、好むと好まざるとにかかわらず、自分の「居場所」がホームルーム内に確保されます。アメリカやカナダにもホームルームの時間はあるのですが、朝の点呼のために集まるだけの学校も多く、日本のように修学旅行や学校行事についてその部屋で長い時間を使って話し合ったりすることは一般的ではないようです。つまり、自分の定位置が特別に用意されない北米の高校では、自分の居場所は自分で探すか、つくるかしなければなりません。

「ホーム」についての北米的な考え方を知る上では、映画も参考になります。たとえば「ホームアローン（Home Alone）」（1990年）はアメリカのコメディ映画ですが、ひょんなことから、ひとりで留守番をすることになったケビンという少年が主人公です。ことのいきさつは、家族で海外旅行に出かける前日に、ケビンが兄の好物であるチーズサンドイッチを食べてしまって両親に叱られ、罰として屋根裏部屋で寝かされたことから始まります。翌朝に

第4節 「ホーム（Home）」：安全で居心地のよい生活空間

家族全員が寝坊をするというハプニングが起き、その騒動のなかでケビンだけが家に取り残されてしまうのです。チーズサンドイッチの一件で自分だけが叱られて、くさくさしていたケビンは、気ままな独り暮らしを楽しもうとするのですが、そこに強盗たちがやってきます。

ケビン少年が賢く危機を切り抜けるくだりが映画のハイライトですが、ここには「ホーム」に関する2つの考え方が読み取れます。その1つは、ホームの安全性とは、親が担保するべきものであるということです。たとえ自分が住む家であっても、ケビンひとり（alone）では、ホームは安全でも快適でもありません。もう1つの考え方とは、「家」が自分にとって居心地のよい「ホーム」であるためには、親やきょうだいたちとうまくやれることが前提だということです。ケビンはその頭の良さで強盗たちを撃退するわけですが、本来はその能力やスキルを、兄たちと上手に折り合いをつけることに使うべきだという暗黙の了解があるから、このストーリーはコメディになるのです。

②「ホーム」を社会化する

a 快適さと安全を確保すること

ではカナダ人の親たちが、きょうだいの関係を育てるという目的にそって、どのように「ホーム」の安全性を高め、快適な空間を作り出そうとしているかを具体的に見ていきましょう。実際に理想とする「ホーム」を表現する言葉としてカナダ人の親たちが好んで使ったのは「comfort」と「safety」でした。

「安全」（safety）は、心身に危害が及ばないという意味なのでわかりやすいのですが、「快適さ」（comfort）とは感覚的な価値判断にゆだねられるので、個人差や文化差が大きくなります。英語的な発想では、カンファタブル（comfortable）であってほしいものといえば、椅子やソファー、ベッド、靴や服など、体に接触する日用品がまずあげられます。大きさに適度なゆとりがあり、体に合って快適だということがその条件です。部屋や人がカンファタブルであるといえば、心身への刺激が少なく、落ち着かせてくれることを指します。疲れたときに食べたくなったり、口にするとほっとするような慣

れ親しんだ食べ物を comfort food と言ったりもします。アメリカ人の夫にとっては、コーンフレークなどのシリアル類やトマトソースをかけたスパゲッティが comfort food だそうですが、私なら炊きたてのごはんにあたたかいお味噌汁といったところでしょうか。これらのことからホームの条件である「快適さ」とは、刺激や緊張の度合が小さく、生理的な満足感や身体的な心地よさを伴うことだとわかります。

　家族やきょうだいといることで、子どもたちが快適さと生理的な満足感を得ることができるようにするために、カナダの親たちはどのような工夫をしているのでしょうか。ここでの問題は、安全と快適さは両立が難しいと考えられていることです。結論としては、家族であっても、お互いに身体的に近づくことが子どもたちにとって安全ではないと親が判断した場合は、快適さを犠牲にし、安全性を優先することがわかりました。

　一般的にカナダの親たちは、親子であっても、きょうだいであっても、家族が身体的に近づくような状況を許容することに対して、驚くほど慎重な態度を示しました。インタビューでは、きょうだいや親子の身体的距離について話題になることも多かったのですが、それまで自信たっぷりに話していた親でも、この話題になると判で押したように歯切れが悪くなるのです。

　エドワードは、快適さと安全性を同時に実現することの難しさを「まるで薄氷の上を歩くよう（walking on the thin ice）」だと表現しています。そんな離れ技をやってのけようとするのは、もちろんそれが親としての責任であり、やり遂げることに意義を感じているからです。エドワードが話してくれたのは、親が夜、ベッドで子どもたちを寝かしつけるときの、ほほえましく平和な、一見なんの問題もなさそうな光景ですが、エドワードは内心ひやひやしています。

　　家族として、ですね、ひとつのベッドに入って、愛情を込めて抱きしめあう、ということをですね、まあちょっとうちは、他の家庭に比べてユニークかもしれませんが、妻のローラも私も、長女が産まれてからずっとですね、6年間、毎晩欠かさず、そうやってきているんです。「カドリング（cuddling）」という呼び方を家族ではしているんですけど。まあ

とにかく、ローラと私はそうやって、子どもたちと一緒にベッドに入って、といっても、私たちは掛け布団の上に横になるんですけど、子どもたちが寝付くまでそうしています。なぜか、というとですね、まあ、ええと、子どもたちが安心して眠れるように（it is their comfort）ということになるんですが、ただ、私や妻としては、薄い氷の上を歩いているように感じています。というのも、親が出張や旅行などで家を空けてしまうと、子どもたちが寝付けないわけですから。最近では、祖父母も、私たちと同じようにカドリングをしてくれるので、子どもたちはおじいちゃん、おばあちゃんと一緒ならば寝られるようになりました。私の考えでは、子どもの人生の最初の10年間に、親がカドリングをしてやることは最高の投資だと思います。親として、これ以上の意味のある時間の使い方は、他にないと思いますよ。

歯切れの悪い感じが伝わるでしょうか。エドワードは、この直前まではとても明快に話を進め、「まあ、ええと…」などと言うことはほとんどなかったのです。エドワードは、親が添い寝をすることの「危険性」は、子どもたちがひとりでは眠りにつけなくなってしまうことだと説明していますが、実はこのようなリスクの延長線上には、性的なハラスメントや虐待があります。ひとつのベッドに横になっていても、子どもと親の体の間には掛け布団があるということを、さりげなく、しかしきっちりとアピールしていることからも、エドワードがインタビューをしている私に誤解を与えないように注意していることがわかります。カナダでは親子があいさつがわりにハグをしたり、おやすみのキスをしたりすることが習慣になっていますし、家族間の近接性は大切にされています。けれども、家族が近づきすぎた結果、事故を招きかねないということを親たちは非常に心配している様子でした。

エドワードは親として、子どもたちに添い寝してやることの意義を感じながら、同時に子どもたちが親の助けなしで、ひとりで眠りにつけるようにすることの大切さも認識しています。このような心理状況を「アンビバレンス（両価性）」といい、質的な研究では丁寧に検証されます。ひとつのことに対し「善であり、かつ悪である」といった相反する価値を認めたとき、そのイ

ンフォーマントがどのように考えて、その状況を切り抜けていくのかを知ることができるからです。「薄い氷の上を歩くようだ」という比喩からは、妻と自分のやり方では子どもたちが自分の力で眠りにつけるようになるまでに、他の子どもたちより時間がかかるというリスクを背負うことになるけれども、そのデメリットを承知した上で責任を持って行動している、という親としての決意が感じられます。

親子やきょうだいの身体的な接触を、適度にコントロールするために有効だと考えられていた方法はいくつかあげられました。エドワードのように、掛け布団で物理的に肌と肌の接触を避けるやり方のほか、家族の習慣を「儀式化」してしまう方法などもみられました。ジャックは「お馬さんごっこ」の形で、娘たちを背中に乗せて寝室へ連れていく習慣のことを「nightly regime」と呼んでいました。レジームと聞いて、私は高校の世界史で習ったアンシャンレジーム（16〜18世紀ごろのフランスの社会・政治体制）を思い出しました。「regime」は政権あるいは社会体制という意味ですから、いささか大げさな「お馬さんごっこ」です。

ベッドタイムと並んで、親たちが神経を使ったのが、家族が裸になるシチュエーションです。7歳と4歳の娘の母親であるアシュレーは、家族がヌードになること（family nudity）が全く問題にならないのは、年1回のカヌー旅行だけだと言っています。カヌーは、カナダでは非常に一般的なウォータースポーツです。私も友だちとトロントから北に2時間ほどドライブしたところにあるアルゴンキン州立公園に出かけ、カヌーで湖を渡って小島でテントを張ってキャンプしたのが、楽しい夏の思い出として心に残っています。

アシュレーが言うように、限定された場面でなら、家族同士の裸を見せ合うことが許される、ということは、逆に言えばそれ以外の日常生活では、それはタブーであるということになります。7歳の息子と5歳の娘の父親であるサミュエルは、子どもたちがお風呂に入るシチュエーションについて、特に警戒し、このように話しています。

> 2人とも裸のときには、子どもたちがなにをやらかすか、わからないですからね。お互いにつつきあったり、触ったりね、2人はなにも考えず

にやっているとしても、親が見ていて落ち着かなくなるようなことは、これまでにも何度もあったので。

子どもが被害者となる家庭内での性的な虐待やハラスメントは、きょうだいの間でも起こり得ますが、やはり深刻なのは親や親族など、相手が大人の場合です。たとえ親しい間柄であっても、自分の体を他人に触らせてはいけないということを、ジーナは2人の娘の母親として子どもたちに教えています。彼女の言葉を引用してみましょう。

> 自分のプライベートな体の部分というのは、自分のものなのよ、ということを娘たちには教えています。きょうだいだろうが、誰だろうが、それは他人に触らせてはいけない場所だということです。家族のなかでは、抱きしめあったり、そういう親密になる機会がいろいろありますけど、性器とか、陰部に触るとかね、そういうことについては境界線を踏み越えないように。触り方にも、正しい触り方と、間違った触り方があるっていうことも教えるようにしています。

ジーナ自身は、娘たちの父親である夫を病気で亡くし、再婚しています。母親の再婚相手が、血のつながりのない娘たちを性愛の対象にする事件は、北米に限らずさまざまな文化圏で見られます。娘たちが新しい父親になついてくれることを心から願いながらも、万が一のことがあって娘たちを傷つけることがないように、母親としてできる限りの努力をしようとするジーナの切実な思いが伝わってくるようです。

b 共感はほどほどに

疲れたときや落ち込んでいるときには、親やきょうだいなど身近な人々に自分の気持ちを理解してもらうことほど、慰められることはありません。この点において、カナダと日本に違いは見られませんでした。たとえば、スクールバスの中や病院など、不安になりやすい公共の場所などでは、きょうだいの存在そのものが「ホーム」の安心感をお互いにもたらしてくれると考

え、年上のきょうだいが妹や弟に対して安心をもたらす行動をとることについては、基本的に歓迎しています。カナダの親たちも日本の親たちと同じように、年上のきょうだいはその理解力の高さにおいて、年下のきょうだいの気持ちを理解しやすいポジションにいると考えていました。

しかし、きょうだいが相手の痛みや辛さを理解したということを、いつ、どのように言葉や態度に表すのがふさわしいと親たちが考えているのかという点については、文化の違いが見られました。子どもたちが心や体を寄せあい、慰めあう機会を日本人の親たちが積極的に作り出しているのに比べると、カナダ人の親たちには慎重さが目立ちました。そのような機会が、両方の子どもの心と体にとって好ましいのかどうかを見極め、必要があればその距離や頻度を調整する役割を積極的に引き受けています。

アリスには、10歳の息子エリオットと6歳の娘イリーナがいますが、イリーナがエリオットを慰めようとする場面を紹介しましょう。アリスが頭を忙しく働かせて状況を判断しながら、子どもたちの間の距離を調整しようとしています。

> エリオット（兄）の野球チームが、試合で大負けしたことがあったんです。エリオットは、負けたことに責任を感じてしまっていて、すごく落ち込んで、見ていられないくらいだったんですが、イリーナ（妹）がそこで、エリオットの手を握ったりしてくれてしまって。まだ野球場にいて、エリオットはびっしょり汗をかいてて、気が立ってて、もう少しで泣きそうでした。必死で泣くのを我慢しているところへ、イリーナが慰めようとするもので、そのままだとエリオットがこらえきれなくなりそうだと思って、「イリーナ、少しの間そっとしておいてあげなさい」と言わないとならなかったですね。イリーナには、なぜエリオットをひとりにしてあげる必要があるのか、説明しました。ちょっとだけ時間をあげれば、エリオットは自分を立て直せるから、そうしたら家に帰る車のなかでお話しようね、って。

「エリオットはびっしょり汗をかいていて」という状況を説明するくだり

で、アリスは「ヒア」を使っています（Here's Elliot, all sweaty and frustrated …）。試合に負けてしまった兄エリオットを慰めたいという妹の行為に対して、アリスは理解を示しています。しかし、妹が兄に接近しすぎた結果、兄がバランスを崩して感情を爆発させたり、泣き出したりする事態になれば、エリオットのプライドはさらに傷つき、気持ちを立て直すのにより時間がかかることになるのをアリスは心配したのです。

　子どもたちが「ヒア」にいる限り、イリーナが兄をいたわる気持ちを尊重しつつ、エリオットにとって快適であるように調整するのは、親であるアリスの役割です。この場面でアリスは2人の間に適度な距離を確保してやることが必要だと判断したのです。きょうだいが慰め、慰められる経験をするよりも、エリオットにとっては自分の感情をコントロールし、イリーナにとっては兄が必要としている時間と空間を与えるという異なる課題に取り組むことが優先されたのです。

　もし子どもたちの仲が悪くて、共感的な関係を築くことがそもそも難しい場合はどうでしょうか。アシュレーという母親の答えは明快でした。「親がそれを理解し、受け入れる」ということです。アシュレーにしても、娘たちが仲のよい姉妹であってくれることをあきらめたわけではなく、努力を続けてはいますが、彼女に言わせるとそれは「負け戦」（a losing battle）です。アシュレーは子どもたちがそもそもは全くの他人同士だったという「現実」を忘れないように、一枚の写真をそばにおいて眺めています。

　　シルビアがはじめて妹を抱っこしたときの写真を書斎に飾っているんです。私にとってとても印象的な場面なんですよ。娘の顔にすべて書いてあるんです。赤ちゃんが来るのをすごく楽しみにしていたんです、実際にその赤ちゃんが家に来るまでは、ね。いざ赤ちゃんが来てみたら、「うげっ」って（そのときの娘の顔をまねして、顔をしかめる）。（私：その写真を、フレームに入れて飾っているんですか？）ええ、お気に入りの写真です。きょうだいが初めて対面した、記念すべき瞬間を完璧に捉えているんですから。娘の頭のなかにあったショックとか恐怖とかそういったものを、すべて写し出しています。彼女としては、かなり違うものを

イメージしていたんでしょうね（笑）。シルビアにとって、妹を受け入れるということは、ものすごく大変なことだったし、それは今でも変わりません。彼女にとって、きょうだいを持つということは試練そのものですし、先に生まれていた子どもにとってはきょうだいが「脅威」なんです。ファーストボーン（最初に生まれた子ども）のだれもが経験することだと思います。私の産婦人科医に言われました。あなたの夫が、ある日別の女を妻として家に連れて帰ってくることを考えてごらんなさい、って。「『君とすごくうまくいってるから、もうひとり、君みたいな人が家にいてもいいなと思ったんだよ』って言われたら、どうですか？あなたのお子さんは、今まさにそんな気持ちなんですよ」って説明されて、納得しました。シルビアは、ある意味でそんなふうに感じているんだって。

　ここでアシュレーは、娘のシルビアにとって妹を迎え入れることがどんなに難しいか、母親として共感することに重点をおいています。新入りの赤ちゃんに対する娘の拒否反応は、アシュレー自身にとっても意外で、ショックだったに違いありません。きょうだいのご対面という、幸せそのものであってもおかしくなかった瞬間が、娘にとってはトラウマになっているかもしれないという可能性を、積極的に自分に思い出させ、受け入れるため、自宅（home）の中で最も自分がくつろぐことのできる書斎にその写真は飾られているのです。感情的になりがちな課題の解決においては、産婦人科の医者の言葉という「理性」の力も重要な役割を果たしていることがわかります。

c 大切なのは公平であること

　「ホーム」の社会化において最も大切なこと、それはきょうだいが平等で公平（イコール）であることです。民主主義という理想は、まず家庭のなかで実現されなければならないという考え方が、父親からも母親からも聞かれました。民主的な社会では、そのメンバーが経済的な自由や権利を共有するという理想を掲げています。エドワードは、家族として大切なことを決めるときには、ペットである犬も「株主のひとり」（an equal shareholder）であ

って、人間たちと同様に配当を受け取る権利を持っていると話してくれました。エドワードは会社の役員をしていましたが、自由主義の国で管理職として働く人らしい比喩ともいえます。

　犬が人間と同等に家族の一員に数えられているくらいですから、子どもたちの間に不公平があることはゆゆしきことです。カナダ人の親たちは、さまざまなリソース（資源）を分配することに心を砕いていました。食べ物、プレゼントなど物質的なものと、時間、愛情、子どもに対する関心など、物質的でないものも、できるだけ公平にいきわたるようにすることで、だれにも仲間はずれにされているという気持ちを持たせず、子どもたち全員がリラックスできるように心がけるところに大きな特徴が見られました。

　もちろん、子どもたちはいつでも喜んで、リソースの分配に協力するわけではありません。特に、プレゼントなど自分に与えられた特別な意味を持つリソースの場合は、その特権を手放したがらないのは当然ともいえます。親の役割とは、子どもたちが親の力の及ぶ範囲である「ヒア」にいて、親の言うことに素直に従ううちに、きょうだい間の公平性について、その基礎作りをすることです。ラッセルはこう言っています。

> クリスタが昨日、友だちの誕生会に行って、帰りにおみやげのお菓子をもらってきたんです。家（home）にはほかのお菓子もいろいろあるのに、やっぱりほかの子どもがそのお土産がうらやましくて、分けてもらえないというふうに思うんですよね。だからクリスタには、ほら、他にもいろいろお菓子があるんだから、シェアしてあげられるはずだろうと言いました。

　次の引用のなかで、ブリジッドは息子のスペンサーがもらった特別なお小遣いについて、妹にも分けてやってほしいという期待を語っています。そのお小遣いは、本来はスペンサーに権利がありますから、強要はできません。その点でブリジッドの表現は、少し遠慮がちになっています。しかし親からみてふたりの子どもは、どちらも子どもという同等のステータスを持っているのだから、特別な場合であったとしてもできるだけ「富の分配」をイコー

ルに近づけたい、という彼女の意図がはっきりと表れています。

> スペンサーが学校で作文の賞をもらったので、おばあちゃんがご褒美のお小遣いをくれたときのことなんですけど。もちろん、それは彼がもらったお小遣いですから、スペンサーが好きなように使っていいはずのお金です。それで、スペンサーと買い物に行って、彼は好きなものを選んで買ったんですけども、でも思ってしまったんですよね、ねえ、あなたは特別なお小遣いをもらって、それはあなたが頑張った結果のご褒美ではあるけれども、でもね、妹にもなにかひとつ、あったらいいんじゃないかしらね、って。わかりますよね、家（home）に帰ったら、かたいっぽうは自分のご褒美に夢中になってて、もういっぽうは、仲間はずれでなんにもない、っていう状態がどんなものか。きょうだいは、本来イコールなはずですよね、もちろん年がいくつか違うとかっていうことはありますけど、家（home）の中でのステータスとして、私たちが親で、彼らが子ども、そういう意味ではふたりはイコールなんです。同じような立場にいるもの同士です。ふたりがきょうだいとしてお互いに学び合っている関係というのは、これから家（home）を出て、社会に出たときに、友だちとか他の大人たちとどういう関係を持つかっていうことにつながっているわけです。だから、きょうだいとして、どういう関係でいるのがベストかっていうことについては、今ふたりが家（home）にいる間に、きちんと時間を使って、教えるなり考えさせるなりしておかなければいけないと思うんです。

カナダの親たちが、きょうだい間の公平性にこだわる背景には、現実の社会において、公平や平等という理想が実現されにくい現実があるようです。きょうだい関係の社会化は、親がどんな話題を子どもたちにもちかけるかによっても、その様相をかいま見ることができます。たとえばウォルターは、こう言っています。

> 私の知り合いで、大学院で博士号を取ったけれど、仕事がないためにタ

クシーの運転手をしている人や、カナダに移民してきた人で、母国（their home country）ではエンジニアとして仕事をしていたけれど、カナダではライセンスのシステムが違うのでエンジニアとして認められず、パートの仕事を3つかけもちしている友だちがいるので、その話を子どもたちにするんです。職業に関係なく、人間はみんな平等なんだっていうことを、子どもたちにわかってほしいからです。

仕事を持つ母親たちからは、自分の労力が限られ、子どもたちと過ごせる時間が十分にとれないことで罪悪感（guilt feeling）を感じているという声が聞かれました。きょうだいの社会化というテーマでインタビューする限りにおいては、平等の理想と不公平な世の中という現実の間の葛藤は、父親よりも母親のほうがより強く感じていたようです。たとえば仕事から疲れて帰ってきて、短時間の間に家族の食事の支度をしなければならないなど、時間や気持ちの上での余裕がないとき、年上の子どもたちに協力してほしいという気持ちがどうしても強くなります。しかしそれは、子どもたちがくつろいで快適だと感じられる環境、つまり「ホーム」の形成を妨げてしまうということに、母親たちは心を痛めていました。レイチェルはこう言っています。

つい娘のほうにいろいろ言ってしまうんですけど、言ったあとではいつもいつも、そのたびに罪悪感を感じます。自分ばかりいろいろ言われると娘は思っているでしょうし、そのことで弟に腹をたててほしくないのですが。ふたりのケンカの原因を作っているのは、私なんじゃないかと思うこともあります。

次に紹介する二人の母親も、異口同音に、自分の時間を平等に子どもたちの間に分配できていないことに対して罪悪感を持っている（guilty）と言っています。ギルティーという言葉は、すまない、申し訳ないという日本語に近い感覚で使われているように感じます。しかし、「You are guilty（あなたは有罪です）」というように、法廷の場で使われる言葉であり、罪という概念は、キリスト教を文化的背景として持つ北米においては、より厳しい意味

あいを持つと思われます。母親たちが仕事と家庭の両立に悩み、後悔し、しかし前に進むために割り切りながら、日々子育てをしていることが想像されます。

　娘のヘーゼル（5歳）よりも、下の息子のアントン（3歳）に対して、罪悪感を感じますね。理由はいくつかあるんですけど、ひとつには、ヘーゼルは最初の子どもだったので、生まれたあと私が家（home）に長くいてやれたんです。すぐに仕事に復帰しなかったので、ヘーゼルと私は、一対一の時間が長くとれたんですが、アントンが8ヶ月のときには、私がパートタイムで働き始めてしまって、2歳になったときにはもう完全に復帰したんですね。アントンは私と過ごせた時間が、ヘーゼルよりもずっと短いということに、罪の意識を覚えます。アントンは性格的にも人といるのが好きで、だれかにそばにいてもらいたがる子なので、その意味でも、私がもっと遊んでやれていないことがギルティーだし、そばにいたとしても、きちんと関わりきれていないと思います。ヘーゼルのときに比べたら、時間の上でも気持ちの上でも全然足りてません。

　ちょうど今が、ものすごく大変な時期と言っていいと思います。キースが5歳でエヴァが3歳なんですけど、キースも自分でできないことがまだまだあるし、エヴァもまだ手がかかる年齢なので。こうなると、母親は、どうしたって父親よりも強く罪悪感を感じることになるんですよね。完璧な母親で、完璧に仕事をこなして、妻としても完璧で、なんてありえないし、どれもちゃんとやれてると思えることなんて、絶対にないんです。だから、それは無理だっていうことで自分をちゃんと納得させて、全部はできない、できないけれども、ここまでならできる、っていうふうに自分で見極めるっていうか、そういうふうにしなければやっていけないんですよね。簡単じゃないです。やるしかない。そういうものだから、って思って、とにかく目の前のことをこなしていく。それしかないんです。その感じ、わかります？

第5節 「ボンド(Bond)」：血縁

①「ボンド」の意味――関係を長く維持するつながり

「ヒア」に関連の深い概念が「ホーム」だとすれば、「ゼア」と結びついているのが「ボンド」です。カーリングの例でみたように、カナダ人の親は自分たちの影響力の及ぶ範囲や時期が限られていることを日本人以上に意識しながら子育てをしています。親として、権力と言ってもいいほどの強力なパワーを持つことを自覚する一方で、子どもたちのパワーが日々増していることを肌で実感し、いつか子どもたちが手元から離れていくことを受け止めようとします。

もし子どもたちが「ヒア」にいる間に、きょうだい関係の社会化が間に合わなかったら、カナダの親たちはすっぱりと諦めるのでしょうか。その答えは「ボンド」に探すことができます。「ホーム」では、「私がここでなんとかしなければ」といった強い責任感が前面に出ていました。これに対し、「ボンド」はリラックスした楽観的な見通しを意味します。「ヒア」にいる間に社会化が間に合わず、きょうだいとしてのつながりの形成が不完全だったとしても、血がつながっているんだし、なんとかそれなりにやっていってくれるんじゃないかなと考えているのです。

「ボンド」は「愛情、生物学的なつながり、そして子どもたちが共通して持つ生育環境や社会・文化的背景などによって、大人になってからも離れてしまわずに、きょうだいとして互いに親しい関係を維持するだろうという楽観的見通し、またはそうあってくれたらという希望」だと定義できます。分析の結果、「ボンド」には、2つの種類があることがわかりました。1つは「kin bond」と名付けたもので、日本語では「血縁」と訳すのがよさそうです。もう1つは「commonality bond」で、共通する事柄を持つことによっ

てきょうだいがつながっていられるという考え方です。これらの共通点には、家族としての価値観や歴史、共通の趣味や関心事があげられました。親として、子どもたちにこれらの共通点をひとつでも多く持たせることができれば、大人になってからも子どもたちがきょうだいとしてその一体感を維持し、お互いに支え合って生きていけるというのがカナダ人の親たちの信念でした。

②「ボンド」を社会化する

a「親戚関係」という「ボンド」

カナダの親たちは、大人になってから支えになってくれるのは、友だちではなく、家族やきょうだいなのだということを子どもたちに理解させることが重要だと考えています。このことは、日本人の読者にとっては当然のことだと感じられるかもしれません。しかし、たとえば北米の心理学の文献には、圧倒的に友人やピア（仲間）の関係についての論文が多く、血縁ではなく、共通の関心事を持つことでつながる人間関係に高い関心があることがうかがえます。そのような文化的背景のなかで「いざというときには友だちよりもきょうだい」というメッセージが明確に浮き上がってきたことは、興味深いことです。

とはいえ、親たちは大人になったきょうだいが、助け合うことを実際に期待できるのかについては半信半疑でした。子どもたちが成長してからどんなきょうだいになるのかは、完全に「ゼア」の領域のことであって、もはや親たちのコントロールは効きません。しかも、親たちはきょうだいの関係が時に感情的になりやすく、愛憎入り交じる局面があることを知っています。きょうだいがお互いを好きになる、ということを強制することはできません。「ボンド」の社会化をめぐるカナダ人の親たちの発言をていねいに見ていくと、自分の子どもたちもきっときょうだいとして親しい間柄になるはずだ、という楽観性と、独立した子どもたちの関係性に対して、親ができることはほとんどないというあきらめや割り切りの境地が入り交じっていることがわかります。たとえば、ふたりの息子を持つゲイリーの語りはこんな調子です。

第5節 「ボンド（Bond）」：血縁

> きょうだいなのだから、いつも互いに、なにがあったとしてもサポートしあわなければならない、そういうものでしょう。お互いに相手に危険が及ぶことがないように、注意し合って、助け合う、と願いたいね。
> (You should always be <u>there</u> regardless of whatever because they are brothers. They have to look out for each other because they will always be <u>there</u> for each other hopefully.)

　短い発言のなかに、「always」（いつも・必ず）が2回使われ、「regardless of whatever」（なにがなんでも）や「have to」（しなければならない）といった表現が相次ぐことから、きょうだいがつながりを失ってしまうという可能性を信じたくないというニュアンスが伝わってきます。しかし、最後の最後でゲイリーの本音が顔をのぞかせます。センテンスをしめくくったのは「hopefully（できれば）」という気弱な言葉でした。

　バージニアのコメントからも引用してみましょう。バージニアは、教師として働きながら、弁護士の夫とともに4人の子どもを育てています。19人のカナダ人の母親のなかで、「きょうだいの社会化」について、考え方が最も明快だったひとりです。バージニアは、まずきょうだいが感情的にもつれやすい関係にあることを力強く肯定した上で、自分自身が、血のつながったきょうだいと大人になった今も親しい関係であるという根拠に基づき、またそれを生きた証拠として子どもたちに示しながら、「あなたたちも、こうなっていくのよ」というメッセージを発信しています。文中の in-bred thing という表現は、適切な訳語を見つけるのが難しいのですが、血統書つきのイヌやネコを育てる人のことをブリーダー（a breeder）というように、血のつながりに関することだと考えていただければいいかと思います。きょうだいは血がつながっているからこそ、ライバルともなるし、生涯の友ともなれる、というのがバージニアの主張です。

> 子どもたちは、友だちに自分のものを貸す、ってことは喜んでします。でも、きょうだいに貸すのはいや。これが、きょうだいのライバル関係っていうものでしょうね。これは、in-bred thing だと私は思います。自

分のきょうだいとライバル関係になるのは、ある程度までは、当たり前です。もちろん、それを親が放っておいたら行き過ぎになるでしょうし、嫉妬心が強くなりすぎてしまうと、自分が飲み込まれてしまいますけど。子どもが時々、兄や弟のことを大嫌いだとか言ったりするのは、ノーマルだし、健康的だとすら思います。なにも特別なことじゃないし、普通のこと。だけれども、やっぱりそこで、「あなたが生きてる間、あなたのためにずっとそこにいて、力になってくれるのがきょうだいなのよ（your brothers and sisters will be there for you all through your life)」っていうことを伝える必要があります。私自身、男のきょうだいとも女のきょうだいとも、すごくすごく親しいものですから、子どもたちもそれを見ているんですね。子どもたちのおじさんやおばさんを、私がすごく愛しているっていうことがわかっています。子どもたちには、あなたたちも、ママたちと同じようにずっと仲良しでいるはずだから、って言っています。きょうだいっていうのは、いつも必ずそこ（there）にいてくれるのよ、友だちはそこにいないかもしれないけど、きょうだいってそういうものなのよ、って。

　ここでのバージニアの最大の強みは、彼女自身がきょうだいと親しいということでした。そのことが子どもたちに対して説得力を持っていることをバージニア自身もよくわかっています。では、もし親自身がきょうだいとの親しい関係を持っていない場合は、どうなのでしょうか。サミュエルという父親のインタビューから引用してみましょう。

　親戚関係というのは、いろいろなフェーズ（相）があって、だんだんに離れてしまうこともあれば、また近づくということもあるわけです。人生とはそんなものです。これから子どもたちがどうなっていくのかは、わかりません。友だちのように親しい関係でいてほしいとは思いますよ。まあ、近しい関係ではいるんだろうと思います、あるレベルまではね。私自身は、兄にはほとんど会わないんです。年にせいぜい２回くらいしか会わないので、物理的に近いとは言えません。でも、気持ちの上

ではね、近くに感じています。たとえ兄の誕生日を忘れたとしてもね。

　日本人の感覚としては、きょうだいと顔を合わせるのが年に2回という頻度が特別に少ないとは感じられないかもしれませんが、少なくともサミュエルにとって、決して多い回数ではないということは読み取れます。アメリカやカナダでは、接触の頻度を親しさのバロメーターととらえる傾向が強いように思います。夫は、私が自分の弟や親友と電話で話すのが年にせいぜい1度か2度であることが、いまだに不思議のようですが、それもそのはず、2つ年上の兄とほぼ毎日のようにスカイプで話をしています。兄はスロベニア（中欧の一国）に住んでいるので、きょうだいが揃って母国であるアメリカを離れて生活しているという生活上の共通点も多いのでしょう。
　しかしそれにしても、夫たちの会話を聞いていると同じような話題を繰り返すことが多く、よくも飽きないものだと感心するばかりです。その意味で、サミュエルが「お互いの誕生日を忘れても」と付け加えているのは、印象的です。きょうだいの関係というのは理性的・合理的な関係ではない、無条件的なつながりなのだということがほのめかされているからです。

b「共通点」という「ボンド」
　「血縁」によるつながりに対して、お互いが共通の関心事を持つことによるつながりが、「共通点」という「ボンド」（commonality bond）です。親として、きょうだいが価値観を共有したり、情報を交換するように促すことによって、子どもたちがコミュニケーションを途絶えさせないように配慮するという社会化の方法が「ボンド」です。親たちは、個性の差や性別による違い、物理的な距離など、きょうだいが疎遠になりやすい要素を、このような共通点という接着剤によって補わせたいと考えていました。5歳の娘と3歳の息子を育てるアーサーという父親はこのように述べています。

　　もちろん、ふたりの間には、これから成長していけば性別の差がありますから、それは小さな障害物（a small roadblock）になるでしょうが、私としてはふたりはうまくコミュニケーションをとりあっていけるはず

だと思っています。興味を持つ事柄も違ってきますし、それぞれの方向に進んでいくと思いますけども、きょうだいとして持っているコモンボンド（the common bond）が、そのときにもまだあるわけですからね。

　カナダは国土が広いため、就職や結婚などによって同じ国内でも遠隔地に転居するケースが少なくありません。このため、親たちは子どもたちが物理的に離れてしまってからも、きょうだいとしてのつながりを維持し、電話やメイルで連絡を取り合ったり、家族の誕生日やクリスマスの食事といった数少ない機会を利用して、近況を知らせ合ったりするためには、共通点という「ボンド」が不可欠だと考えています。大人になったきょうだいがしっかりとした「ボンド」を持っているというのはどういうイメージか、何人かの親たちに聞いてみたところ、「自分のプライベートなこと、特に大事なことを、親に話す前に、きょうだいに電話で話すような感じですね」（バージニア）、「子どもたちがクリスマスに家に帰ってきて、家族でディナーを食べたりするようなときに、それぞれが自分の結婚相手とか、つきあっている恋人を連れてきたりしてるんだけれども、気がついたらキッチンで、きょうだいだけでしゃべってたりとかね」（ウォルター）といった答えが返ってきました。

　エドワードという父親が、きょうだいが成長するに従って「漂流し、離れてしまう（to drift apart）」という表現を使っていたのは、印象的でした。きょうだいはそれぞれ舵のないボートに乗っているようなもので、お互いをつなぐロープがなければ、波間に漂っているうちに、次第に遠く離れてしまうというイメージです。自然の流れに逆らわずにいれば、そうなってしまうものだという考え方が読み取れます。

　　子どもたちが漂流して離れるように、全く違っていってしまうということは十分にありえます。漂流して別々になっていくっていうのは、たとえば、ひとりがこの大学に行き、もうひとりは別の大学に進むというようなことですね。そうするといろいろなことが変わってきてしまって、それぞれ違う人たちと関わるようになりますから。親として、ジュリー

（6歳）とショーン（4歳）が、お互いが経験したことを相手に伝えたいと思うような、そういう環境を与えてやりたいと思っています。ふたりが、残りの人生をずっと同じものが好きでいられるように。

きょうだいが大人になってもこのように親しくつきあうということは、あくまで親たちの希望にとどまっています。子どものころに、一つ屋根の下で暮らすことで、共通した価値観を持ったり、興味関心を同じくする素地は作られているかもしれませんが、親にできるのはそこまでです。子どもたちがお互いをきょうだいとして愛する（to love each other as siblings）ことを強要できない以上、親として今できることをするしかないという切実な思いが、インタビューでは伝わってきました。

第6節　「テイキング・リスポンシビリティ（Taking responsibility）」：責任を引き受ける

今この本を読んでくださっている読者のみなさんは、「責任」というきょうだいの社会化のテーマをどう感じられるでしょうか。「きょうだい」と「責任」という言葉は、結びつきにくいものでしょうか。それとも、それほど違和感はありませんか。

カナダの親たちにきょうだいの社会化についてインタビューした際、親たちが最も戸惑っていたのは、この「責任」についての質問でした。日本の親たちにも、多少は同じような反応が見られましたが、「責任といっても、子どもですから、たいしたことはできませんけど、…」と前置きして話し出されることが多かったのに対し、カナダの親たちは、子どもの養育についての責任は親にある、という「ヒア」の前提をはっきりさせてからでなければ、その先の質問には答えられないという姿勢を見せる点で違いがありました。もっともこのインタビュー調査を実施したのは、2001年から2003年ごろにかけてなので、「自己責任」といった言葉が当たり前のように聞かれるようになったこの10年ほどの間に、「責任」という言葉に対する日本人の感覚

は、いくらか変化したかもしれません。

　私がこの調査で「責任」という概念にこだわったのは、理由がありました。それはきょうだいの社会化をテーマとして、文化比較で調査をするきっかけともなった1本の論文です。大学院に入学してほどなく読んだその論文は、きょうだいの責任について、ワイズナーとギャリモア（Weisner, T.W.& Gallimore, R.）という文化人類学者が1977年に書いたもので、その後、サットン＝スミスという発達心理学者との論争に発展しました。文化人類学者が発表したのは、アフリカやアジアでは、年上のきょうだいが年下のきょうだいの世話をすることが広く見られるということでしたが、サットン＝スミスはこれを批判し、子どもの成長に最も効果的な刺激を与えられるのは母親であると主張して、きょうだいがその役を引き受けることに疑問を投げかけたのでした。

　他の文化人類学者たちは、サットン＝スミスの考え方は白人文化中心主義的（エスノセントリズム）であると反論しています。サットン＝スミスが投げた問いかけは、大きな波紋を呼び、きょうだいのインターアクション（相互的なやりとり）と文化の関係について書かれた「Sibling Interaction Across Cultures: Theoretical and Methodological Issues」という本が1989年にザカウという学者によって編集されるまでになりました。

　この学術的な論争に刺激を受けた私は、心理学というレンズだけではなく、隣接する領域のレンズも同時平行で用いながら、きょうだいの社会化について、学際的なアプローチを試みることに決めたのでした。スーザン先生と相談しながら、発達心理学、文化人類学、社会学という3つの領域できょうだい関係についての文献を読み込み、複合的な視座を探ったいきさつは第1章に書いたとおりです。

　ではカナダの親たちが、自分たちに全面的な養育責任があることを前提として子どもに期待した、きょうだいに対する「責任ある」行動とはどのようなものだったのかを見ていきましょう。

①「テイキング・リスポンシビリティ」の意味──弟妹の面倒をみること

　「テイキング・リスポンシリビリティ」を定義づけすると、「子どもが、自

第6節 「テイキング・リスポンシビリティ（Taking responsibility）」：責任を引き受ける

分に責任が持てる範囲内で、きょうだいに対してケアや保護を提供し、それができたことについて自分の能力に満足を覚える経験をすること」という、少し冗長なものになります。親たちは「テイキング・リスポンシビリティ」を社会化するのは、子どものエンパワーメントの機会だと捉えています。きょうだいをお世話したり、守ったりすることができたという経験をさせ、自分に自信に持たせるということです。エンパワーされた状態というのは、必要な支援などを受けることによって自分の持っている潜在的な力を発揮できるようにすることです。

親が子どもにケアを委託する場合は、そのケアの内容は年齢にふさわしく、時間がかからずに、楽しくできるのが条件です。それによって、子どもたちは「エンパワー」されて「ポジティブ（前向き）」になり、「自分に誇りを持って」、自分の存在が「重要」だと感じることができると親たちは言います。バージニアに言わせると「スター気分で、先生みたいに自信たっぷりの、いっぱしの人物になった気分（they are the star and the proud teacher feeling like big shots）」を味わえることが大切なのです。2人の息子を持つフィルという父親は、きょうだいの歯ブラシを持ってきてあげなさい、といった日常的な働きかけを通じて、子どもたちが互いに家族として、チームとしての一体感を感じる機会にしたいと述べています。

親たちは、子どもたちが自分から進んできょうだいの世話をすることを期待していますが、そこには本来、人間は他者をいたわる性質や能力を持っているはずだからという考え方があるようです。インタビュー中で何度か耳にした表現として、「子どもが自分の翼の下にきょうだいを入れる（taking a sibling under one's wings）」という比喩がありました。親鳥が羽を広げてその下にひな鳥を抱く行動は、おそらくその鳥に本能的に備わった自然の営みですが、それと同じように、きょうだいがお互いを守り合うのもまた自然ななりゆきであるはずだという発想が読み取れます。

与えられた責任に子どもが「食いついてくる（to eat up）」という表現も興味深いものでした。食欲は言うまでもなく生理的欲求で、生命を維持するための本能的な動物的行為です。アーサーは、自分の娘に対して「テイキング・リスポンシビリティ」の精神を社会化するには、娘（5歳）が自然に持

ちあわせている欲求や能力をほんの少し後押ししてやるだけで十分だと考えていました。

> もうすでに、母親のようなそぶりを見せたりするんです。私がしむけたりしたわけでもなんでもないんですが、アントン（3歳）にものすごく優しい声で話しかけたりね。これが私の弟で、私が守ってあげるんだっていうような目をしてますよ。我々が留守をして、シッターを頼んだりするときには、かならず娘には、ちょっと多めに責任を持たせるようにしています。なにがどこにしまってあるかとか、アントンがベッドにいく支度ができるように、シッターさんに教えてあげてね、とかですね。それは、彼女が年上だからです。そういうことをお願いすると、もう食いついてきますよ、嬉々としてやりますし、その責任を大まじめに果たそうとします。

アーサーの子どもたちは、姉―弟の組み合わせでしたが、兄―妹というきょうだいの組み合わせを持つ親たちも同じように考えているのでしょうか。答えはイエスです。この組み合わせのきょうだいを持つカナダ人の親たちは、年上の子どもが女児でなく男児であることから、ジェンダーの性別役割分担、つまり男はお世話される人、女はお世話する人、という旧来的な性別役割分担が固定してしまわないように、親として一層の努力が必要だと考えています。とはいいながら、年上の男のきょうだいが、妹のお世話を喜んでする、という親が望むような状況にはなかなかならないのが現実だとカッサンドラは言います。

> ケビン（7歳）は、そういう時に「ノーサンキュー（結構です）」って言ったりします。皮肉を言っているわけじゃないのはわかってます。「アニタ（5歳）のお世話をする機会を提供してくれて感謝するけど、今はほかのことしてるから、遠慮しとく」みたいな意味での「ノーサンキュー」なんですけど、私としては、「ちょっと待ちなさい、『結構です』じゃないでしょ。アニタにこれをしてあげて、ってお願いしているんだ

から、やりなさい」です。彼は、言われたことはやりますけど、それを楽しむっていう発想はないみたいね。

カッサンドラをはじめとする親たちが懸念しているのは、女のきょうだいがケアを提供する側に固定されてしまいかねないということです。それを防ぐためには、その子どもがもともと持っている親切さや気前のよさといった特質も、時には抑え気味にしなければならないということを、親として教える必要も感じているようです。ウォルターは、年下の娘が兄である男のきょうだいに対して、熱心にお世話をしすぎると考えています。そのような関係が当たり前になってしまえば、娘が将来社会に出たときに、周囲からは便利に扱われ、不利な立場に置かれてしまいかねません。ウォルターは言います。

人生いろいろなことがありますから、娘が思いやりがあって、人に親切だということで、きょうだいがいずれそのことで助け合えるようなね、ことになるかもしれませんけれども、彼女の立場が弱くなりすぎないように、やはり親としてはそこは気をつけてやらないと、と思っています。人にしてあげるばかりで、自分になにも残らないということになりかねないのでね。

② 「テイキング・リスポンシビリティ」を社会化する――兄らしく・姉らしく

欧米のロマンチックなポップソングには、よく I will be there for you という決まり文句が出てきます。「あなたが辛い思いをすることがあれば、私はきっとその時そこ（あなたのそば）にいるよ」というほどの意味です。助動詞 will は未来の時点での、話し手の強い意思を表しますが、まだ起きていないことですし、実際にはその時お互いにどういう状況になっているかはわかりませんから、物理的に本当に寄り添えるのか、遠くから無事や幸運を祈っているということなのか、今の時点ではなんとも言えません。I will be there for you は、未来の事柄についての曖昧性や不可知性を、上手にオブラートに包んでおいて、あなたをそれほど大切に思っている、ということだ

けを伝えるのに便利（かつやや無責任）な言葉です。

　将来のことはわからないにしても、親たちに今できることは、きょうだいが相手の必要に応じて「ゼア」にいるという経験を小さいうちに積ませることです。きょうだいが自分を必要としているという実感を持たせ、責任ある行動をとれたという経験をさせておけば、その時が来たらちゃんと困っているきょうだいのために「there（そこ）」にいてあげられる可能性が高まるはずだからです。「テイキング・リスポンシビリティ」の社会化は、そのような場面をどれだけ親が子どもたちに用意してあげられるかということにかかってきます。

　インタビュー調査では、家の中やスーパーマーケットの店内、病院の待合室など、親が近くにいて子どもたちの様子を把握できるような場所で、主に年上の子どもに対し、年下の弟や妹のそばにいて、守ってやるようにと促す事例が多く聞かれました。手をつなぐ、毛布でしっかりと包んであげる、目を離さないといった、親が自分の目で見て確認できる物理的な手段で、兄や姉が年下のきょうだいに具体的な保護を提供するやり方が好まれていたようでした。ジャックの言葉を引用してみましょう。

　　　ビデオのレンタルショップに行った時のことですね。娘（6歳）には、ジェフ（4歳）から目を離さないようにと言いました。ああいう店は、通路が狭くて、見通しがきかないですからね。マジな顔をして、神妙に責任を果たしてくれましたよ。ジェフが通路をあっちこっち動き回るのに、うしろからちゃんと付いていって、プロテクトしてました。プロテクションといっても、子どものことですから、その程度ですが、ちゃんとそこにいましたし（she was there）、なかなかたいしたものでしたよ！

　このような機会は、あらかじめ計画しておくというよりは、その場の状況で「じゃあお願いね」ということになることが多いものですが、レイチェルはいくらか意図的にそのような機会を子どもたちに与えようとしています。

「さあ、ママはね、これを仕上げないといけないから、あなたたち、ちょっとほら、ママから離れて遊びなさい」って言うことがありますよ。自分の部屋で遊ぶのでも、何でもいいから、ほら行きなさい、って。で、様子を見にいって、ドアの隙間からのぞいてみると、ローザ（7歳）のベッドの上にふたりがいて、ローザが本を読んでやっていたりね。ティム（3歳）は、しっかり毛布を耳までかけてて、それはローザがそうしたんでしょうね。まるでお人形扱いですけど、でもローザはちゃんとそこにいて、ティムの面倒をみてたってことです。嬉しいですね、そういう光景が見られるっていうのは。

第7節 「ディーリング・ウィズ・プロブレムズ(Dealing with problems)」：やっかいな問題を解決する

①「ディーリング・ウィズ・プロブレムズ」の意味——対人スキルの習得

「ディーリング・ウィズ・プロブレムズ」の意味は、「子どもたちがそれぞれ一個人として、自分の意見をはっきりと述べたり、適切な判断を下すことによって問題を解決する能力を育てること」といった内容になります。「解決する」という意味を持つ言葉というと「to solve」が思い浮かびますが、「to deal with」は口語的な表現です。この2つを比較すると、「to solve」が「数式を解く」といった正統派スタイルで使われるのに対し、「to deal with」は、場当たり的な解決方法も許容するニュアンスを持っています。その点では、「解決する」よりも「対処する」、「なんとかする」という翻訳のほうが意味が近いかもしれません。

「ディーリング・ウィズ・プロブレムズ」が解決、あるいは対処しようとしている「問題」は2つあります。1つは、自分の外にあるやっかいな状況を打開するということです。例えばふたりが取り合っているおもちゃを順番に使うとすれば、「どっちが先に使うのかを決めること」がすなわち問題解

決です。もう1つは、スムーズな状況打開を邪魔する「自分の否定的な感情」を処理することです。これは、自分の内面の問題です。イライラ感や、相手に非を認めさせたいという欲望を適切に処理することができれば、冷静さを取り戻し、お互いの利害関係を調整することができます。これら2つの問題を効率よく解決するための「具体的行動」とは、言語的コミュニケーションのスキルを身につけることです。言葉で表現することができれば、感情が整理できますし、言葉を使って相手を説得したり、なだめたり、自分の言い分を主張したりすることができるからです。

　「ディーリング・ウィズ・プロブレムズ」の社会化では、こういった問題解決のための言語的スキルが、将来子どもたちが成功するためには不可欠だという考え方が前提になっています。カッサンドラは、5歳の娘が7歳の息子とケンカすることは、娘にとってよい経験だと考えています。娘が50歳になってから、職場の同僚との力関係のいざこざに巻き込まれてはじめて、スキルの必要性がわかった、ということにならないように、子どものころから自分の兄と、ケンカの仕方を実践的に学んでおいて欲しいと彼女は言います。このようにカナダ人の親にとって、「ディーリング・ウィズ・プロブレムズ」を社会化する最終的な目的とは、いずれ家（ホーム）を出たときに、社会人としてさまざまな問題解決ができるようになることです。きょうだいとの人間関係は、そのための格好の練習場所となります。

　子どもたちが、親の目の届く範囲（ヒア）にいる限りは、親がケンカの仲裁に入れますが、「ゼア」の領域に行ってしまえば、そうはいきません。ですから、子どもたちが自分たちのきょうだいげんかをなんとか収めることができるようになるころから、親は子どもたちの領分へ足を踏み入れる行為を、自覚的にコントロールする様子がみられました。ミシェルの2人の息子は3歳と4歳で、他のインフォーマントの子どもたちに比べると最年少のグループに入ります。彼女のインタビューから引用してみましょう。

　　彼ら（息子たち）に自分たちで考えさせるようにすることで、できるだけね、自分たちのいさかいを、私が中に入らなくても解決することができるようになってほしいと思っていますし、実際のところ、少しずつで

きるようになってきているんです。ふたりの意見が違うことがあって、もめたときに、まあいいや、じゃあこうしよう、ってなることもあれば、決裂して、じゃあママに言いつける、って片方が言えば、じゃあちょっと待って、わかったよ、貸してあげるから、とかなんとかね。これから大きくなっていくに従って、そういうふうに自分たちだけで状況をなんとかする（they can deal with it on their own）ことができるようにならないとね。

「ディーリング・ウィズ・プロブレムズ」の社会化に見られた特徴は、公正さと客観性を親たちが重んじるということです。カナダ人の親たちが幼いきょうだいに対して公正さや客観性を求めている様子は、言葉のはしばしからうかがい知ることができました。ジャックという父親は、弁護士という職業柄もあるのでしょうが、きょうだいのケンカの仲裁をするときには「プレイルームが法廷になる」という、そのものずばりの比喩を使いました。ジャックはきょうだいのケンカの直後に、兄の手の中に妹の髪の毛が残っていたというエピソードのなかで、「それはまさに、煙を出している銃（a smoking gun）と同じ」という表現を使っています。これは、銃を発砲したという決定的な証拠が犯人の手の中に残っている状態を指す言葉です。冗談めかしてはいるものの、社会一般に通用する決まりや原則が、きょうだいのケンカについても、例外なく適用されるべきだという考え方が表れている興味深い例です。

きょうだいだからといって、その関係はさして特別なものではないという考え方も、「ディーリング・ウィズ・プロブレムズ」の社会化に関して、複数の親たちから聞かれました。きょうだい間のサポートは重要ではあるけれども、いずれ外の世界に出て行ってしまうからには、特定のだれかに頼るクセをつけてしまうことがないように、注意が必要だという考え方です。オスカーは、きょうだい関係をことさらユニークなものだと考えて子どもたちに接しているわけではないと言います。きょうだい関係は友だち関係と「同じ比重」だからです。

きょうだい関係は重要ですよ。ただ、それは2人の間に歴史があるから、というだけのことです。特殊だとか、ユニークだとかそういうふうには思いません。アニタ（5歳）はケビン（7歳）と対等な関係にあるわけです。彼女には、家の外でもそういう人間関係を持ってほしいと思いますし、それができるはずです。きょうだいだけが自分の支えっていう状況は、だれも望んでいないと思いますね。すごくいいものではありますが、だからといって友だちとの関係となんら変わらない。同じだと思ってます。きょうだいと育つことで、ケアしあったり、大切にしあったりすることを学べますし、きょうだい関係は、強くしっかりとしたものに育ってほしいとは思います。生涯を通じてそういう関係を維持してほしいですよ。でも、だからどうなのかって、いわれると、別に、ただそれだけのこと。世の中にたくさんある人間関係の1つに過ぎません。利害関係でもめたときにどうするかとか、相手を気遣って大切にするとか、きょうだいだろうが、家の外のだれかが相手だろうか、なにも変わりません。同じことです。

　読者のみなさんは、このオスカーの言葉をどう感じられるでしょうか。言いたいことはわかるような気がするけれど、なんとなく腑に落ちない、という感じを持った方もいらっしゃるでしょう。私自身はインタビューのデータに何度も接していますが、このあたりは、まだ心情的にはストンと落ちていません。「とても大切」だけれども、「特殊ではない」というオスカーの言葉は、ある事柄が自分にとって大切ならば、多少なりとも特殊（他と違う）だと感じるはずではないか、という予測を見事に裏切っています。感情を抜きにして、これはこれ、それはそれ、という割り切った考え方ができることが「to deal with」の本質です。その割り切りの潔さに対して「冷たい」とか「寂しい」といった情緒的な反応をしてしまうとすれば、そこに文化的な差異が見いだせるかもしれません。

　ただし、割り切りが大事だとは言っても、家のなかのことがそれだけでスムーズに行くはずはありません。「ディーリング・ウィズ・プロブレムズ」の社会化には公平性がカギになりますが、きょうだいは、少なくとも1歳は

年齢が異なりますから、子どもたちの発達レベルには当然差が生じ、必ずしも公平に物事をさばくことができないことがあります。カナダ人の親としては、こういう場面で年上の子どもの協力に頼らなければならないのが頭痛のタネのようです。年上の子どもの協力を取り付けて、なんとかその場をやりすごすということは、親として「ディーリング・ウィズ・プロブレムズ」のお手本を示すことに失敗したことになるからです。

オスカーに、ここで再度登場してもらいましょう。妹のアニタが疲れてぐずっている日の、ベッドタイムのエピソードです。この日はケビン（7歳）がお母さんに添い寝をしてもらう順番の日でしたが、アニタ（5歳）がぐずったことから問題は起こりました。アニタが泣こうが暴れようが、感情を切り離して、すっぱりと公平にいければ、親の意図が通るという意味で「ヒア」の条件は満たされ、「ディーリング・ウィズ・プロブレムズ」の社会化としても完璧です。しかし、父オスカーは結局、アニタに対して折れ、不本意ではあるけれども兄のケビンに協力を求めました。オスカーの釈明です。

> ケビンには、ですね…（言葉を探す）、いろいろとね、こちらからお願いして、受け入れてもらうということが、アニタと比べると多いわけですが、それはアニタの年齢のことがあるからです。「オーケー、アニタのほうが小さいんだから、ママと寝る、いいね。アニタのほうが寝つきが悪いんだよ、知ってるだろう？」。母親をめぐるもめごとについては、まずはできるだけ公平に、平等になるようにやってはみますが、結局アニタが大声で泣き出したり、手が付けられなくなると、だいたいはケビンに諦めるように説得に入りますね。だれも叫び声なんか、聞きたくないわけですよ。それは、ケビンだってそうです。アニタにとっては、いい練習の場だということはわかっています。他の人のニーズを受け入れるということもできなくちゃいけない。でも、まだそれをうまく彼女に教えられていないんですよ。というのは、アニタが叫ぶときのパワーがね、めちゃくちゃ強力なんです（笑）。本当にすごい声なんで、結局それに負けてしまうからですね。そうなると、もう残りの家族全員で、なんとかその場を収めるしかないんです。「とにかく、こいつをまずおと

なしくさせよう」って。

オスカーが娘のかんしゃくと自己主張の強さに「またか…」と少々うんざりしながら、心ならずも彼女の言い分を通してしまう様子には、まさに「ディーリング・ウィズ・プロブレムズ」の社会化における「理想と現実」が浮かび上がってくるようです。しかし、現実がたとえ厳しくても、「ディーリング・ウィズ・プロブレムズ」の社会化を諦めるわけではありません。オスカーも、アニタがもう少し聞き分けがよくなるまで社会化のための働きかけを保留にしているだけです。

②「ディーリング・ウィズ・プロブレムズ」を社会化する

a 否定的な感情をコントロールする

問題解決の方法とは、子どもそれぞれの個性にあったものである必要があるという考えから、親たちは方法を教えるよりも、まっさきに自分がお手本となり、家庭生活のなかで基本的なスキルの使い方を観察させようとする傾向が見られました。まず親たちがお手本を示そうとしたのは、否定的な感情がほとばしってしまうようなときに、それを適切に制御することです。怒りや落胆などの否定的感情を持ってしまうことは、時には避けられないにしても、そこで落ち着いて、冷静に自分が感じた違和感や怒りを相手に言葉で伝えることができれば、問題をこじらせず、早期に解決することができるからです。

親の性別に関係なく、父親も母親もこのスキルが大切だと考えていましたが、母親たちは、特に子どもたちと自分の間に問題が発生したときに、自分自身が感情的にならずに落ち着いて「ディーリング・ウィズ・プロブレムズ」ができれば、子どもたちも自分に対して、冷静に、落ち着いて応答してくるという手応えを感じていたようです。ジュディはこう言っています。

夫も私も、親として具体的に例を示して子どもたちをリードする必要があると思っています。親を見て、子どもはその感じをつかんでいくんで

第7節 「ディーリング・ウィズ・プロブレムズ(Dealing with problems)」：やっかいな問題を解決する

す。私自身が冷静になれずに感情的に叱ってしまうと、子どものほうが輪をかけて怒りだしますから、まず私が落ち着かないといけない（not being angry and dealing with it）と気づきます。子どもが感情的になったという結果に関して、原因は私にあるわけなので、そこからはじめないとなりません。

　この調査では、父親と母親に別々に時間をとってもらってインタビューを行いましたが、夫婦としてパートナーとの開放的な意思疎通を心がけることが、同時に「ディーリング・ウィズ・プロブレムズ」の社会化になっているという考え方が、いくつものカップルから聞かれました。バージニアの語りを聴いてみましょう。

　ジャック（夫）と私は、いつも考えていることが同じ、みたいな完璧なカップルじゃありませんから、相手と意見が違えばそう言いますし、話し合います。でも、それは叫んだり、蹴ったり殴ったり、相手を侮辱したりすることとは違います。それを身近な例として見せることで、子どもたちには問題を適切に解決するということを学ばせたいんです。アレクサンドラ（6歳）が1回か2回、言ったことがあるんです。「やだ、ママたちケンカしてる！」って。でも、夫も私もすぐに言いました。「違うのよ、ケンカしているんじゃないの。意見の違いがあったから、話し合っているので、ケンカとは違うのよ。お互いに、自分の考え方を相手に示し合っているの」って。そうしたら、「ふーん、そうなんだ」って言ってました。相手と必ず意見が同じになるなんてことはありえませんし、その事実を受け入れなければなりませんからね。言葉で解決しなければなりません。どんな問題でも、解決できるんです。

　バージニアが弁舌さわやかな女性だということはインタビューのなかでも明らかでしたから、彼女が弁護士である夫とさまざまな問題について意見を闘わせている様子は目に浮かぶようでした。オープンなコミュニケーションとは、肯定的な感情も否定的な感情もストレートに相手に伝えることです

が、「ディーリング・ウィズ・プロブレムズ」が関係してくるのは特に怒りや不満などの否定的感情です。こういった感情をクローズドにすると、すねたり、黙ってひがんだりという態度が現れますが、バージニアとジャックのカップルが目指しているのは、たとえぶつかっても話し合いで合意点を見つけることです。

できるだけ冷静に話し合って、誤解を解き、主張するところは主張し、謝るべきは謝ってきちんと仲直りまで持っていくやり方は、北アメリカスタイルの社会化のなせる業なのでしょう。私の経験から言ってもアメリカ人の夫との生活で、すねたり、怒りを押し殺してやり過ごそうとしても、たいがいうまくいきません。私が感情が顔に出やすい人間だからかもしれませんが、すぐ見つかって「さあ、なにを考えているのか、話して」ということになります。子どものころから、すねてむくれていれば、何も言わなくても周りが気を使ってくれ、なんとなく状況が好転していくことに慣れていた私は、自分のモヤモヤした感情をどこから言葉にすればいいのか、結婚当初は戸惑ったものです。

b ややこしい状況を切り抜ける

否定的な感情をコントロールできることに加えて、「ディーリング・ウィズ・プロブレムズ」が目標としているのは、こみ入った状況を切り抜けるということです。ややこしさやカオス（混沌）といったものは、当事者が明快で客観的に筋の通った考え方をして、それを忠実に行動に移せば、当然解消されるものであるとカナダ人の親たちは信じています。混乱状態を解消して秩序を取り戻したり、混沌とした状態を脱出して、理解可能な場所に移動すること、それが解決なのです。

ただし、こみいった出来事をいくつかの要因に分解できたからといって、必ずしも実りのある結果にならないという経験を語ってくれた父親もいました。ヘンリーは、子どもたちのきょうだいゲンカを解決しようとするのは、タマネギの皮を1枚ずつはがしてむいていくようなものだという面白い喩え話をしています。それはいささかむなしい気分にさせられるものだけど、1つ1つむきながら、子どもたちと一緒に問題を細かく分解するプロセスその

第7節 「ディーリング・ウィズ・プロブレムズ(Dealing with problems)」：やっかいな問題を解決する

ものが大切であって、それこそが問題解決の方法なのだというのがヘンリーの結論です。

> タマネギ、って可哀想な野菜ですよね。芯がないでしょう？ 子どもたちの他愛ないケンカで、話を聞いてやっていると、タマネギをむいてるような気がするんですよ。だれだれが髪を引っぱったって言えば、そうなの？ って聞いて、でもそっちが先に押したんだとか言えば、それも確認してね。1つ1つ順番に聞いていきますよね。全部むき終わって、やれやれ、って見ると、タマネギは消えてる。結局、なにが問題だったんだっけ？ っていうことになってね。子どもたちが見てたのは、タマネギの幻だったわけですよ。大問題だっていうような気持ちになって、大騒ぎしたけれど、パパに話を聞いてもらっているうちに、なーんだ、ってね。もちろんね、子どもたちがもめる度にこれをやるのは、疲れますよ（it is tough to <u>deal with</u> everything）。ですけど、やっぱりそれが大事なんですね。

ここでのヘンリーの目的は、落ち着いて冷静に子どもたちの話を聞き、こみいった問題を分解して、それぞれの案件ごとに処理する父親の姿を子どもたちに見せることです。そのような方法が、紛争解決において有効だということを印象づけようとしているのです。別の父親のインタビューからも引用してみましょう。クロードには3歳違いの娘が2人います。ケンカの仲裁に入るときには、この年齢差を年上の娘にきっちりと明示して、納得させるという「ディーリング・ウィズ・プロブレムズ」の方法をクロードが使っていることがわかります。

> 私は、2人の娘に対して、自分たちの年齢差をちゃんと思い出させるようにしています。そうすることで、いくらか我慢しやすくなりますし、私がどうやって厄介な状況を切り抜けているか、見せてやれるからです。私が部屋に入っていって、そこで子どもたちがケンカをしていたら、まずテレサ（6歳）から話を聞きます。理由は、彼女が年上で、理

解力があるし、ちゃんと自分で説明ができるとわかっているからです。テレサは、なんでいつも私ばっかり、マリアはどうなの、ずるいわ、って言いますが、「ちょっと待って。君は何歳ですか、6歳ですね。マリアは何歳ですか、3歳だね。パパがまず君に話をするのは、君のほうが大きくて、パパの言うことがちゃんとわかるからだ。まず君と話して、それからマリアとお話するよ」と言うような感じで話します。マリアとテレサは3歳半違うんですから、同じように話すことはできません。

ポイントは、クロードが感情的にならず、親として自信を持って娘に向き合っていることと、純粋に年齢差という事実に注目させることで、状況を切り抜けているという点です。やっかいな状況を処理する際に、その場に深入りせず、あえて距離を取ることが有効であることも、親たちが子育ての中で身をもって示そうとしていることの1つです。

さらにクロードは、子どもたちがささいなことに過剰に反応しやすいことに気づいてからは、必要に応じて一歩下がった場所から、客観的に状況を把握するように努めるのが自分の役割だと考えているそうです。

　　子どものすべった転んだにいちいち親が関わっていられませんからね（we couldn't possibly deal with every whim and issue of the kids）。先日も、娘たちが出がけにケンカして、下の子がキーキー言いはじめたので、「気がたっているんだね、パパは君を気の毒に思うよ。でも、いま他に方法がないんだ。君は靴を履く、そういうことだ。もう教会に行く時間だ。礼拝に遅れてしまうよ、さあ行こう！」ってね。

娘の気持ちにも共感を示しつつも、有無を言わさず娘をなだめ、たたみかけるように行動を促す手際は鮮やかです。このような場面での親の社会化行動の特徴の1つは、そのテンポの良さにあり、思わず相手が乗せられてしまうような説得力と勢いを持っています。さらに、家族で教会の日曜礼拝に行くというシチュエーションも、宗教儀式への恭順を示すという重みを持っていますので、親の言葉に威厳を添える上で一役かっています。

第7節 「ディーリング・ウィズ・プロブレムズ(Dealing with problems)」: やっかいな問題を解決する

　次の例では、カッサンドラも、同じように子どもたちのゴタゴタから一線を画そうとしています。彼女の方法は、物理的に部屋のドアを閉めてしまう、または子どもたちがケンカをしているのは家の2階で、彼女は床をへだてて1階にいるという状況を受け入れるというものでした。

> 私は時々、どこかの部屋に入って、中からカギを閉めて、好きなように、やりたいだけやらせることがありますよ。まだ子どもたちが小さいころは、私が1階にいると、2階の子ども部屋で、ふたりがいつものケンカをしているのが聞こえてくるので、まただわ、と思って夫に「あなた、行ってみてやってよ」って頼むんですけど彼は「行かないよ」って。「やらせておこう」って言うんです。それなら、と思って、しばらくやらせておいてみたんです。静かになったので見に行ったら、ジュリアンがケイトの肩に腕をまわして、ケイトはおとなしく座って、ジュリアンに本を読んでもらっていたんですね。だから、それもありなんだって。自分たちでやりあって、解決方法を見つけられれば、それでいいんだわって思いました。私がそのたびに出て行って、解決してやらなくていいって（I don't need to <u>deal with</u> it）。

　カッサンドラは夫があえて介入を控えていると知って、自分も同じようにしてみたところ、子どもたちが自分たちでトラブルを解決できる力があったことを知ります。カッサンドラの視点から見れば、彼女がいるのは1階（down <u>here</u>）、子どもたちは2階（up <u>there</u>）ですから、子どもたちが、「ディーリング・ウィズ・プロブレムズ」の方法を身につけつつあるということは、彼らが「ゼア」の領域で十分に生きていけることの嬉しい予兆なのです。

第4章 **まとめ**
　──日本とカナダの「きょうだいの育て方（社会化）」を比較する

親がきょうだいをどのように社会化するかについて、日本側のデータから4つ、カナダ側のデータから6つのテーマ（主題）を順に紹介しました。これらのテーマは、日本人の親とカナダ人の親が、それぞれの社会文化的な意図的世界（環境）のなかで、育児をし、家庭生活を営むという経験について語るなかから取り出されたものです。ですから、これらのテーマを手がかりにすれば、きょうだいという存在に親たちがどのような意味や価値を与えているのか、それが異なる地域の異なる文脈において、どのような共通点と相違点をみせているのかを推測することができそうです。
　ここで私にできるのは、世界の国々のなかから、たった2つを取り出して比べることだけですが、カナダ＝西洋圏、日本＝東洋圏、という分け方が広く受け入れられていることを考えれば、カナダと日本をそれぞれの文化圏のあるサンプルとしてみなすことは、全く不可能ではないでしょう。以下の比較では、特定の同じテーマが複数回登場し、違う相手と組み合わされます。ひとつのテーマに多重的な意味が含まれているからです。まずは「一緒」と「ホーム」を比較・検討してみましょう。

第1節　安全で快適な環境づくり
──「一緒」と「ホーム」

　「子どもたちをきょうだいとして育てる」という親の働きについて、親たちが子どもたちのために安全で快適な環境を作り出したいと考えていることが、日本でもカナダでも共通して見られました。それは「一緒」と「ホーム」のそれぞれに、安全や安心、居心地のよさや快適さ、といった要素が含まれていたことから明らかです。それらの安全性や快適性は、親が子どもたちに対して直接与えることもありますし、子どもたち同士でそれを与え合うように親が促すという現象も、双方の文化圏で確認できました。
　いっぽう「一緒」と「ホーム」の最大の違いは、物理的な距離と情緒的な近さが親にとって何を意味するか、という点にありました。安全や快適さは、物理的、あるいは心理的な危険を生活のなかからできるだけ取り除くこ

とによって確保できますが、実際に何が「危険」なのか、またそれらの危険から子どもたちを守るには具体的にどうすればいいのか、という手段の部分で、両者が異なっていたのです。日本の親たちは、きょうだいとの接触は基本的に「善」であり「快」につながると考えていました。きょうだい同士の接触機会が多いほど、その子どもが「自分は安全だ」と感じられることになります。日本人の親からすれば、「危険」とは、人が自分のきょうだいとの一体感をきちんと感じ取ることができずに大人になってしまうことです。幼い頃、親から叱られて落ち込んでいるときに、きょうだいが傍についていてくれたり、かばってもらったりすることで、心細さを克服し、自信を取り戻すといったことを多く経験していれば、大人になって少々疎遠になったとしても、すわ一大事、というときには昔の記憶をたどって、一体感を思い出し、元気を取り戻せるはずだというのが日本人の親たちの考えでした。

　これに対して、カナダの親たちは、きょうだいが「近い」つまり親しいのは基本的には歓迎すべきことだけれども、そこでは「一個人である一人ひとりの子どもたちの、パーソナルスペースが適切に確保されている」という条件がクリアされるべきだと考えています。カナダの親たちが考える「危険」とは、きょうだいがお互いに心身を傷つけ合ってしまうことです。親たちが最も心配していたのは、幼いきょうだいを一緒にお風呂に入れたり、裸で遊ばせたりすることで、性的に不適切な行為を誘発しかねないということでした。あるインタビューで、カナダ人の母親が6歳の息子とお風呂に入るのを諦めたという話を聞くことがありました。その理由を尋ねたところ、子どもが学校に行って、先生に「昨日、お母さんとお風呂に入った」と無邪気に話してしまうことが心配だと言うので驚きました。「いったい、どういう親なのだ」と教師や学校からいらぬ心配や詮索をされるのが嫌なんです、と言うのです。親とのお風呂タイムでさえここまで警戒されるのですから、年端のいかないきょうだいのお風呂タイムが心配なのはなおのことでしょう。

　このような文化の違いが見られる理由としてまず考えられるのは、親たちが育ってきた社会文化的な環境の違いです。裸に対する警戒感が強く、たとえば年一回のカヌー旅行のときだけは、特別に家族が裸を見せ合ってもよい、というとりきめをすることが家族として自然だと受け止められるカナダ

に対し、日本では近所の銭湯や温泉地などで赤の他人と入浴することは、ごく一般的であり、文化的に受け入れられています。このような生活感覚の違いはまさに社会化の産物で、子どものころからの経験の積み重ねの違いが大きいようです。就学前の子どもについては、異性の親（男の子なら女親、女の子なら男親）がそれぞれ女湯、男湯に子どもを連れて入ることが認められていると話したところ、スーザン先生がその必要性を理解しながらも、現実にそれが公に認められていることが想像できないと言ったことが印象に残っています。

　日本とカナダの違いを説明するもう1つのヒントは、人間というものの強さについての考え方にありそうです。ひとことで言えば、年齢に関係なく、本質的に弱く脆い人間は、寄り添いあって一緒に生きることで、集団としての安全や快適さを確保するものだというのが日本流の考え方です。これに対して、一人ひとりの人間は本質的に強いものであるけれども、子どもは心身の発達が未熟であるという点で、大人になるまでは親の監督や指導が不可欠であるというのがカナダ流です。このような文化の違いが顕著に現れたインタビューがあります。まずは、朝子さんの語りを聴いてみましょう。

> たとえばもし未開の地に自分たちが行ったとしても、うちは子どもが3人なので、3人いればそれぞれ楽しくやっていけると思うんです。子どもの3人の核っていうのは、非常に強いものであってほしいと思うんですね。そうするとどこに行っても、彼らで力を合わせて生きていけると。なんかあってもお互い助け合って生きていけるんじゃないかと。結びつきは強くあって欲しいし、どこにいても、退屈せずに遊んで、自分たちで幸せだなって思えるように。外で爆発があっても、弾が飛んでても、でも自分たちが3人いればそこに幸せがあるんだよっていうふうに。今後大きくなって、彼らが人生歩んでいく上でも、それは非常に大きな力になるのではないかと思っていますので。

　今の平和がおびやかされ、過酷な環境下で子どもたちだけで生きていかなければならなくなったとしても、きょうだいとしての核を持ち、なにがあっ

ても3人の力を合わせることで幸せや希望を見いだしてほしいと朝子さんは言っています。朝子さんとお会いしてから数年後に、アメリカで同時多発テロ事件があり、日本でもこの10年ほどの間に、東日本大震災や福島第一原子力発電所の事故に代表される多くの天災と人災がありました。朝子さんの言葉は、インタビュー当時は少し大げさなように私には聞こえていたのですが、時を経てあらためて読むと、厳粛な気持ちにさせられます。

　苦難のときには、国や文化にかかわらず、多くの人々が家族のつながりの大切さに思いを至らせます。しかし「家族が大切」であるという認識と、「家族としてまとまっていれば、苦難を乗り越えられる」という信条は、必ずしもイコールではありません。「家族がいれば、苦難を乗り越えられるから、家族は大切だ」というのが日本流なら、「家族は大切だが、家族の支えだけで、各自が苦難を乗り越えられるわけではなく、個人の努力が不可欠だ」というのがカナダ流です。次に紹介するように、バージニアは、苦難を克服するのに必要な人間の精神的な強さとは、自分自身で育てるものであると考えています。極端に言えば、たとえ家族であってもそれは「他者」であって、自分の強さは他に頼ることで補完されるべきものではないのです。いわば三本の矢の故事のように、きょうだいが一緒にいることで強くなれると朝子さんが考えていたのとは対照的です。

> 私が思うのは、もし自分が弱いなら、それを克服するように挑戦し続けるべきじゃないかということですね。それが私のセオリーです。闘って、もっと強くなる、自分の弱さに打ち勝っていく。そういう考えで子育てをしていますし、実際に子どもたちもそうしていますよ。具体的な例ですか？　そうですね、ディズニーランドに家族で行ったときのことかしら。すごく怖いジェットコースターがあって、アレクサンドラ（7歳）が乗りたがったものですから、夫が付き添って乗ったんですね。相当怖かったらしくて、アレクサンドラは真っ青になって降りてきたんですけど、「すごく怖かった、だからもう1回乗りたい。怖くなくなるまでやりたい」と言ったんです。それで、また乗りました。結局、アレクサンドラはそれに7回乗ったんですよ。自分の弱さや恐怖感に打ち勝

つ、ってそういうことじゃないかしらね。アレクサンドラは、小さいときに犬に顔を噛まれたことがあって、犬の鳴き声が聞こえてもぶるぶる震えるくらい、犬が怖くなってしまったんです。それで、私たちはどうしたかっていうと、犬を飼いました！（笑）それも2匹きょうだいでね。2週間もしたら、アレクサンドラはすっかり犬と仲良くなってました。「鞍から振り落とされたら、しがみついても馬によじのぼれ」というのが我が家の家訓です。怖いのは仕方がないことです、感情というものはみんなが持っているものですから。でも、だからといってやめてしまわないで、挑戦し続けること、それが大事です。

　パワフルで説得力のある言葉に、「うわぁ、かなわない」と思ってしまった私ですが、バージニアの発言のなかにある「鞍から振り落とされても」は、いかにも北米らしい比喩です。浮かんでくるのは、幌馬車に荷物を積み、馬の背に揺られて家族が移動している西部劇のシーンです。この場合は、キャラバンという形態が移動式の「ホーム」にあたるわけですが、落馬したからといって家族が慰めてくれたとしても、それは何の解決にもならないのです。そんなことより、何度でも馬の背によじのぼって乗りこなせるようにならなければ、開拓民として生きていけない、そんな厳しい環境で生き残ってきた民族のプライドすら伝わってくるようです。海に守られて外敵の少なかった、いわゆる島国気質の日本と、原野や砂漠を切り拓き、原住民族と食料や土地の所有を争って生きてきた北米のパイオニアスピリットの違いは、きょうだいの子育てにも表れたといえそうです。

第2節　公平で平等な社会を目指して
——「同じ」と「ホーム」

　きょうだいが公平に育てられたと感じられるように、という親心は、日本でもカナダでも聞かれました。日本ではきょうだいを公平にするということが「同じ」という言葉で語られたのに対し、カナダでは安全性や快適さとい

う意味を持つ「ホーム」というテーマのなかに、公平さや平等性の要素が含まれています。

　カナダの親たちは、子どもたち一人ひとりが、自分はきょうだいと平等であると感じられることで安心し、快適な家庭生活を送ることができると考えています。日本では、食べ物やおもちゃなどの物質的なリソースを「みんな」でシェアするようにと親が教えること、そしてきょうだいが一緒に企んだいたずらやケンカについては、事の仔細にかかわらず、どちらも悪いとされることなどに、「同じ」の社会化が見られました。カナダでも、家（ホーム）の中の物質的な資源を公平に分配することは親の務めと考えられていましたが、それ以外にも親がそれぞれの子どもと過ごす時間の長さ、愛情や関心の深さなどについても、平等が維持されるように心がけているという声が聞かれました。これらは、いずれも親の熱心な努力によって可能となる、きょうだい間の平等です。

　日本とカナダの親たちの考え方の違いは、自分たちが生活している社会でどれだけ公平性や平等性が実現されており、そのことに満足できているかという点に表れました。おしなべて、日本の親たちは現在の日本の社会システムに満足しており、既存のルールや秩序を公平に適用することが、個人間の平等性を保証すると考えていました。きょうだいのケンカで、どちらが先に手を出したかにかかわらず両方が叱られる、いわゆる「ケンカ両成敗」は一種の連座制です。瀧川政次郎氏の著書『日本法制史』によれば、日本では飛鳥時代（8世紀）のころからすでに、犯罪者の親族にも刑罰を科すことを「縁座」、それ以外の関係者に刑罰を科すことを「連座」として制度化していたようです。現在の日本やイギリスの司法制度にもその考え方が一部受け継がれていることからも、共同責任制が平等を保つ有効な手段であることが、公に認められているといえます。

　カナダの親たちは、日本人の親たちに比べて社会に対する問題意識が強く、貧困や女性を取り巻く不平等、マイノリティとよばれる民族グループや少数派に対する差別といったカナダ社会の課題について、その解決に向けて努力することが必要だと指摘する声がインタビューの中でも聞かれました。平等の実現に向け、さらなる努力が必要だという認識は、国内に限らず世界

第2節 公平で平等な社会を目指して——「同じ」と「ホーム」

情勢にも向けられていました。たとえばフィルという父親は、チャンネル争いをしている息子たちのケンカに仲裁に入ったときのエピソードをこのように話しています。

> テッド（9歳）に地下室のテレビを見るように言いました。マイク（5歳）に居間のテレビを使わせたほうがいいと考えたのです。でも、だからといって、テッドがそれほどの犠牲を払ったというわけでもないんです。だってそうでしょう。私たちは恵まれているんです。妻も私も、テッドにはよく言っています。世界には、テレビどころか家がない人だっているんだよ、そのことを考えてごらんって。

カナダ人の親たちは率先して子どもたちに良いお手本を示そうとする様子が顕著に見られましたが、平等性や公平性の社会化にも同様の傾向が見られました。親は、何をどのように子どもたちに分配するのが適切かを自信を持って判断しますし、自分の親としての権限について揺るぎない確信を持っています。そして、子どもたちには親の姿を見ることで、社会の不平等をどのように解決すべきなのか、学び考えてほしいと望んでいるのです。

モノ（資源）の分配においても、日本の親たちが比較的大ざっぱなのに比べて、カナダの親は神経質とも思えるほどの細かさを見せました。ゲイリーという父親は、4歳と3歳の息子がグミというゼリー状のお菓子を交換している時に、その大きさがあまりにも違うのを見つけ、慌ててふたりの間に割って入りました。グミにはさまざまな形のものがありますが、そのとき子どもたちが交換していたのは、兄からはテディベア型のグミ1個、弟からはイモ虫の形のグミ1個だったそうです。イモ虫の形のグミは5、6センチもあるのに比べ、テディベア型のグミはそれよりもずっと小さいことから、ゲイリーは子どもたちによく見えるようにそのふたつのグミの長さを比べて見せ、「テディベアとイモ虫を取り替えるなら、イモ虫1匹について、テディベアは4つあげなきゃいけない」ということを教えたそうです。

エドワードという父親は、子どもたちとスキーに行ったとき、それぞれの子どもと並走した時のエピソードを紹介してくれました。4歳の息子と6歳

の娘では、息子のほうがスキーが上手なので、スキーの得意なエドワードは、息子と滑るのが楽しいのですが、こう言っています。「自分としては、かなり努力したという感じで、娘とも並んで滑るようにしました。だいたい同じ回数になるように、頭のなかで数えていましたね。なぜそこまでしたかというと、それは、お父さんは、姉も自分も同じように大切に思っているんだということを息子にわかってもらいたかったからです」。

　日本人の親とのインタビューでは、物理的な長さや回数といった数的な測定方法を使って、きょうだい間が平等になるようにした、という体験の例はほとんど聞かれませんでした。例外的に、遠足のお弁当の唐揚げの数が、兄と弟でその日はたまたま同じになっていたので、下の子に責められなくてほっとしたというエピソードがあったくらいです。家族の間柄で、いちいち個数を数えたり、長さを計ったりするのは、相手を信用していないという意味になり、水臭くよそよそしい行為だと考えられているからかもしれません。

　日本の親たちがきょうだいの間の「同じ」を実現するのにそれほど苦労していない様子が見られるのに対して、カナダ人がきょうだいの平等を実現しようと綿密に行動しているのは、それぞれの社会や文化での人々の権利に対する考え方が異なることが関係しているようです。

　王侯貴族を頂点とする旧大陸の身分制度の底辺で窮屈な思いをしていた人々が、住み慣れた土地を捨て、大きなリスクを背負って新大陸へ移り住んだ最大の理由は、自由や可能性を求めたからです。その自由や可能性は、当初は白人たちだけの特権でしたが、多民族社会の進展にともなって、有色人種に対しても同様に認められるようになりました。今日の北米で人種差別が全くないとはもちろんいえませんが、バンクーバーでは中国系カナダ人の増加が伝えられ、同じく移民国家であるアメリカ合衆国では、黒人の大統領が誕生しました。

　根強い人種問題を解決し、基本的な人権をすべてのカナダ人に保障しつづけるためには、子どもたちの世代にもその次の世代にも、たゆまぬ努力が求められるでしょう。きょうだい関係における平等意識の社会化についてカナダ人の親たちが神経を尖らせるのは、そのような身近な場面こそ大切なメッセージを伝達するのに適していると考えているからかもしれません。

なお、カナダとアメリカを「新大陸」とひとくくりにしてしまいましたが、同じ移民の国でも、アメリカとカナダは社会制度がかなり異なります。カナダの名誉のために付け加えるならば、カナダは経済格差が比較的小さく、国民皆保険も1966年からすべての州で制度化されていたのに比べ、アメリカでは国民の一握りが超富裕層として国の資産の大半を握るともいわれる格差社会が問題となっており、健康保険に入れない国民が6人にひとりの割合まで上昇しました。国を二分した激論の末にようやく実現した「オバマケア」（2012年成立）でさえも、国民皆保険制度とはほど遠いものです。人間の平等な権利に対するカナダ人の考え方は、アメリカ人に比べて格段に進歩的であると言えそうです。

近代、特に戦後の日本は、民族的、そして経済的に国民が「同質」であることが前提となって発展してきた国です。経済的な同質性でいえば、最近でこそ格差の広がりが指摘されるようになりましたが、「一億総中流」を実現すべく国を挙げて努力していたのは、それほど昔のことではありません。民族的には多様性が比較的小さく、それを守ろうとする傾向がみられます。中国人とオランダ人以外を閉め出そうとした江戸時代の鎖国政策はひとつの代表例です。同質性の高さは、「方言札」による標準語の強制など、同化政策の結果であることも忘れてはなりません。

現在でも外国人は永住権を持っていても参政権がなく、戸籍も与えられません。不思議なことに、日本人同士が結婚する場合、別姓を名乗ることは今のところ法律で認められていないにもかかわらず、外国人と結婚する場合には例外で、日本人である妻（または夫）とその子どもたちはいわゆる旧姓の名字をそのまま戸籍上で認めてもらえます。また日本人と結婚しても、帰化して日本風の氏名に改めない限り外国人には戸籍は与えられず、日本人配偶者の戸籍に、備考のような扱いで名前が記入されるだけです。

少し話がそれましたが、日本では「きょうだいが同じ」であることについて、「氏」や「家系」という象徴的な部分で確認できると考えられているのかもしれません。きょうだいとは、一義的には同じ親を持ち、同じ家で育ち、同じ名字を持つ子どもたちですから、それ以上の「同じ」の感覚をあえて植え付ける（社会化する）必要はなくなります。国民の「同質性」が歴史

的に守られ、あるいは社会制度の面で強調されており、そのことに強い疑問を持たないならば、親が自分の子どもたちの間にそれほど大きな「差」があるとも感じなくなるでしょう。当然の結果として「平等性」を実現しようとする具体的なアクションを起こすという行動は見られにくくなります。日本の親たちがきょうだいの平等性を社会化する上で、実際のアクションを起こしづらい理由として出生順位の問題がありますが、それについては次の第3節でお話しましょう。

第3節 なぜ血縁関係は大切なのか
——「一緒／同じ」と「ボンド」

　子どもたちが家を出て独り立ちしてからも、きょうだいがそのつながりを維持することを期待している点では、日本の親もカナダの親も違いはありませんでした。そのことは「一緒／同じ」と「ボンド」にそれぞれ表れました。第3章で示したように、「ボンド」には2つの種類があり、1つは「kin bond」（血縁）、もう1つは「commonality bond」（共通点を持つことによるつながり）という考え方でした。おおまかにいうと、「kin bond」が「一緒」に近い意味を持ち、「commonality bond」が「同じ」に相当すると考えられます。

　カナダの親たちが「ボンド」を社会化するために、子どもたちに自分たちのきょうだい関係について語ることについて紹介しましたが（例えば、第3章130ページのバージニア）、日本の親たちにも似たような傾向が見られました。和郎さんは7歳と6歳の息子を持つ父親ですが、父子が3人でお風呂に入るようなときによくご自身のお兄さんとご自分のエピソードを話して聞かせるとのことでした。裸の付き合いである「お風呂」は「一緒」の社会化の代表的な舞台装置です。和郎さんは親として、「お父さんがお前たちの伯父さんと仲が良いのと同じように、お前たちも兄弟で仲良く助け合っていきなさい」というメッセージを発信しているわけですが、ここではきょうだいである子どもたちの間だけでなく、男親とその息子たちの間の「一体感」や

「同質性」も大切にされています。

　和郎さんは、ご自身が他人には話せないような悩みを抱えていたときに、兄と酒を飲みながら心を開いて弱みをさらけだすことで救われたと話しています。「一緒」の社会化では、親に叱られて泣いている子どもを、きょうだいが慰めるようにと親が促すことが見られました。和郎さんのエピソードは、その大人バージョンにあたるといえそうです。

> 僕の目の黒いうちは、そういったきょうだい関係をいかにしてうまくもってくかということをいつも考えているので。今は彼ら（息子たち）はわかってないと思うんですけど。どうしてきょうだいが仲良ければいいのか、どうして仲良くないと損なのかっていう、僕の気持ちをね。やっぱり僕の場合には、兄貴に助けてもらったことがいろいろあって、上手くいかない時期とかね。気分的にもそうです。兄貴とふたりで酒飲めるような、そういうきょうだいになってもらいたいと思う。友だちと飲むのももちろんいいけど、やっぱり友だちにも言えないことを言えるきょうだいがいるということは、気分的に楽なんじゃないですか。そう思っています。せっかく男ふたりで、年も近いし、そういう関係でいてほしいと思ってます。

　「同じ」と「commonality bond」を比べると、前者が形容詞であるのに対し、後者は名詞です。日本の親がきょうだいの同質性にさほど疑いを持たず、「だいたい同じ」あるいは「似ている」とみなすのに対し、カナダの親は、子どもたちの間に共通点を積極的に作り出そうとするという違いがみられます。きょうだいは、「同じ」親を持つのですから、「ドングリの実」あるいは「力士」に喩えられたように（第2章第2節参照）、ほぼ同じ性質を持つと考えるのが自然だというのが日本流の考え方のようです。日本人は、比較的気候が穏やかな風土で育ち、歴史的にも文化的にも自然を生活に取り込もうとしてきましたから、きょうだいの関係を「自然」にゆだねるという発想にそれほど違和感がないのかもしれません。

　カナダの親たちは後天的に決定される趣味や関心事といった事柄に「共通

性」を見いだし、それらを話題とすることによって、きょうだいの間をつなぐ会話が大人になっても途切れないようにと期待する傾向がみられます。厳しい風雪に耐え、あるいは砂漠に水をひいて国をつくった北米の人々にとって、自然とは基本的に対峙すべきものです。積極的に働きかけることを放棄してしまえば、子どもたちは「漂流」し、きょうだいとしてはばらばらになってしまいます。カナダの親たちは、大人になったきょうだいがずっと親しい間柄でいられるかどうかについて、血縁関係があるという事実だけでは不十分だと考えているのです。

とはいえ、「血縁」の社会化について、日本の親がのんびり構えているのかというと、そういうわけでもなさそうです。日本人の親たちが抱えるジレンマの1つは、「出生順位」と「性別」が、子どもたちの家庭内での地位と結びつきやすいということです。英語では、きょうだいを brothers and sisters、少し固い表現では「同胞」という意味の言葉で、siblings とよびます。いずれにしても、その年齢や出生順位の早い遅いがきょうだいの話題で真っ先に聞かれることはほとんどないのに対し、日本ではきょうだいを「兄弟姉妹」と書き表し、上下関係と性別が切り離せない仕組みになっています。

一般的に日本では、子どもたちが家族のなかで担うようにと期待される役割は、その子どもが長子であるか否かに大きく左右されます。前述の和郎さんは、長男には一家の「大黒柱」としての役割を期待すると明言していますし、竜也さんは、長男（または長女）には親の行く末を頼み、また「喪主」として、儀式の際には象徴的な役割を果たしてほしいと述べています。さらに、性別の問題があります。伝統的な格式や習慣を特に重んじる家庭でなくても、「長男」がいるかどうかは大問題です。男児がいなければ、女児が「婿養子」をとるという方法で「イエ（家）」を存続させ、父親の氏が絶えないようにする例は現在でも見られ、日本が父系社会であることを物語っています。

日本人の親たちは、このような伝統的な社会のありかたに対して、多かれ少なかれ疑問を持っており、それを維持させるような価値観を子どもたちに対して社会化することをためらう一方で、現実問題としては、長男あるいは長女である年上の子どもに対して、より多くを期待してしまうようです。彰

さんは、男児ふたりの父（6歳と4歳）ですが、6歳の亮介くんに対して「長男」として行動させることを意識しないと述べ、役割を持ち出すことを自分に禁じつつも、実際には「年上」であるという理由づけによって、長男である亮介くんへの期待を正当化しています。伝統的な序列化を否定しつつも、容認しているという点で興味深い、アンビバレンス（両価性）とよばれる現象です。

> 基本的には上の方が、年齢的にもやっぱりいろいろできることがまだ多いんで、年上の亮介が祐介を手伝ってあげることのほうがずっと多いと思います。あまり、長男とか次男とかっていうのは、そういう言葉では意識してないつもりですけど。（中略）僕自身は、役割は出してはいけないと思うんですが、現実的には亮介が納得をすればだいたいは丸く収まるというのがあるので。ま、さっきは否定しましたけど、でもやっぱり、まあそういう役割を期待しているというところがありますね、亮介に。亮介のほうが年上だからね。

明治の文豪夏目漱石は、天皇を頂点とした家父長制（イエ）からの解放と「個人」の確立をテーマとして小説を書きながら葛藤を続けたそうですが、平成の世に生きる日本人の親にとっても、これは旧くて新しいテーマのようです。

第4節　ところ変われば品変わる～紛争解決スキルのいろいろ──「譲る／我慢する」と「ディーリング・ウィズ・プロブレムズ／ヒア」

日本の神話では、弟スサノオが乱暴を働いて姉のアマテラスを怒らせ、岩谷戸に閉じこもらせてしまいましたし、旧約聖書では、アダムとイブの息子であるカイン（兄）が、嫉妬にかられて弟のアベルを殺害するというくだりがあります。アマテラスとスサノオは、国産み・神産みをしたイザナギ・イザナミを両親に持ちますし、カインが神から「事情聴取」を受けたときに、

犯行を否認したのは、人類最初のウソだと言われているそうです。こうしてみると、少なくとも神話の世界では、きょうだいの争いや仲違いは、ある意味で生産的な現象とみなされているようです。きょうだいゲンカが洋の東西や時代を問わず、普遍的な現象だという見方もできるかもしれません。

　神様でもきょうだいゲンカをするなら、人間のきょうだいがケンカをするのは当たり前だし生産的である、と親たちが考えていたかどうかはわかりませんが、日本の親もカナダの親も、きょうだいはケンカを通じて人間関係を調整するという大切なスキルを学ぶと考えていました。きょうだいの社会化のテーマである「譲る」、「我慢する」、「ディーリング・ウィズ・プロブレムズ」の3つは、子どもたちの間で利害関係が対立したり、感情的な行き違いがあったときにどう対処すべきかという知恵や技術を表しています。また、「ヒア」が加わっているのは、「ディーリング・ウィズ・プロブレムズ」の社会化には、親が自分の権威や影響力を明確に示せるということが前提になっていることを意味しています。

　ではきょうだい間のいさかいについて、洋の東と西で親の対応に違いがあるとすればどんなことでしょうか。今回のインタビューでは、親自身が、親としての権限をどれだけ前面に打ち出そうとしているかという点に、日本とカナダの違いが見られました。

　カナダの親たちは、子どもたちのケンカがヒートアップしてくると、よく「That's enough!」といって叱ります。これは直訳すると「もう十分です」となりますが、意味的には「いい加減にしなさい」に近く、子どもたちに対しては水戸黄門様の印籠もびっくりの絶大な効き目があります。かたや、日本では「譲る」そして「我慢する」という生きる術を教えることが課題です。これらの美徳を親自身が身を以て示そうとすると、親が子どもの言い分に「譲って」みせなければなりません。また「我慢する」ということは自分にとって都合のよい行動を自制するということです。ですから、親としては「これが目に入らぬか！」と徳川家の葵の御紋が入った印籠を見せて、つまり親の権威を示して事態をさっさと収拾してしまいたいという欲望を「我慢する」ことが必要になります。「That's enough!」で混乱をおさめることが親としての当然の役割であり、許された特権であるというカナダ流の発想と

第4節 ところ変われば品変わる～紛争解決スキルのいろいろ
― 「譲る／我慢する」と「ディーリング・ウィズ・プロブレムズ／ヒア」

は異なり、日本では譲ること、我慢することを子どもたちに教えようとすると、親の立場が弱くなるという葛藤が生じるのです。

日本の親たちはこの板挟み状態をどう解決しているのでしょうか。そのヒントを、太郎さんのインタビューから探ってみましょう。

> 子どもたちがケンカやってたら、いったいどうしたんだ、って聞きますよね。そうするとお兄ちゃんのほうが論理的に、こうでこうでこうだって言います。で、次は妹に聞きますよね。でやっぱり絶対に話が食い違ってくるんですよ。やっぱり子どもですから、論理の組み立て方が不完全なので、穴がいっぱいある。そんなはずないじゃないか、どうしてそんなウソつくんだと。それは自分の立場を有利にしたいからであって、そうすると僕は今度はそっちに怒れてくるんです。そういうずるい考え方に腹が立って、こんどはそっちにシフトすると、母親が出てきて「そんなことどうでもいいから、早くなんとかしなさい」って今度は僕が怒られて（笑）。みんなでぎゃあぎゃあやってると。だから子どもたちにはね、あんたたちがそうやってケンカすると、パパの寿命が縮まるんだよって。そんなにパパに早く死んでほしいの、って言うんです。どうしてそうなのかってことは、医学的にああでこうで、って説明はしますけど。子どもたちはピンときてないですけど、まあこっちの顔色見てきたりはしますね。

この太郎さんの語りは、私にとっては特に印象深く、つい笑みを誘われてしまう逸話の1つです。インタビューではみなさんから、多くのユニークなエピソードを聞かせていただきました。なかには、そこまで赤裸々に話していただいて大丈夫だろうかと心配なこともありましたが、その1つ1つが、血となり肉となってこの研究が成り立つこととなりました。改めて感謝しています。

やや苦境に陥っているかに見える太郎さんですが、ここで興味深いのは、太郎さんが家族全員で共有している信頼関係を基盤に、あえてカオス（混沌状態）を作りだしていることです。まず、最初に太郎さんは、子どもたちか

第4章　まとめ

ら話を聞いているうちに、ケンカの原因の究明という当初の目的から自分が脱線してしまいます。話に論理性がないということで子どもたちを叱り始めるのです。ここでは、親であっても決して完璧ではなく、一貫性に欠けることもあるのだという開き直りがあります。この正当性を支えているのが「一緒」や「同じ」の感覚です。親も子どもも、不完全な人間であることは一緒（同じ）だという論理です。その感覚は、子どもたちを叱っていたはずの太郎さんが、母親である奥様から子どもたちと一緒に叱られることになったという冗談めかしたエピソードからもうかがえます。「みんなでぎゃあぎゃあ」という表現からは、母親も含めた全員が混沌状態を共有していることがわかります。

最終的には、このようないさかいが父親の健康状態に影響する可能性を持ち出すことによって、このエピソードは幕引きをみています。「お父さんが死んでしまったらどうしよう」という心細さをきょうだいに経験させ、「心配する」という共通の感情を持たせることによって、「ケンカはたいがいに」つまり譲れるところは譲り、我慢できるところは我慢しなさいというメッセージが子どもたちに届くことが期待されているようです。こうしてつぶさに見ていくと、太郎さんの親としての社会化行動は、確信犯的であり、黒幕的に事態をコントロールしているともいえるでしょう。

これに比べるとカナダの親たちの方法は単純で、感情的には比較的平坦です。これは「ディーリング・ウィズ・プロブレム」の考え方に、「困難な状況下では、冷静に事態を把握し、対処することがベストである」という価値観が含まれているからです。親たちは、はっきりとシンプルな表現を好みます。特に解決しようとしている紛争が家族の安全と快適さ（ホームの大原則）を脅かすと判断され、緊急の対処が必要な時には、即効性が大切ですから薬の効き方を遅くするオブラートは省かれ、最短距離が選ばれます。

問題の解決に必要と判断すれば、厳しい実力行使も辞さない覚悟で臨んでいることも比喩表現からうかがい知ることができます。例えばリチャードという父親は、「having an iron fist（鉄の拳）」や「loweing the boom（ヨットのブームを下げる）」という表現を使っています。ブーム（the boom）というのは、三角形をした帆の底辺にあたる部分についている帆桁のことで、風の

167

第4節 ところ変われば品変わる〜紛争解決スキルのいろいろ
―「譲る／我慢する」と「ディーリング・ウィズ・プロブレムズ／ヒア」

向きによって大きく左右に振れる部分です。帆の張り具合を調整するため、ブームを上げたり下げたりしますが、ブームの位置が下がれば、それだけ頭や体に当たりやすくなることから、親や教師による体罰や非常に厳しい叱責などを意味する慣用句になっています。先頭で舵をとっている船長（親）にはあたりませんが、乗組員（子ども）は十分に注意していないとブームパンチを食らって、落水する可能性があるのです。

このような表現を使う親が実際に子どもに手を出したのかどうかについては、この研究の目的を外れるため、インタビューでは尋ねていません。ただ少なくとも、そのような「物理的な破壊力」を親が持っているという表現が日常会話のフレーズとして共有されている事実に、親たちが持つ「ヒア」の価値観を見て取ることはできそうです。

「ヒア」の持つ意味は、親が子どもに対してパワーを持っていることですから、その権利は腕力としてだけでなく、発言権や決定権としても表れてきます。ローラという母親は、子どもたち（6歳の娘と4歳の息子）のうちのひとりにその日の「チャージ権（決定権）」を与えることによって、きょうだいの間でのもめごとや混乱を最低限に押えようと工夫しています。

> ふたりがお互いに言い合うと、力比べのようになってエスカレートするだけなので、それよりは私が意識的に、ふたりのどちらかにパワーを与えるという決定をするようにしています。ふたりだけでやっていると、勝ち負けの問題になってしまいますが、「ママが、今日は僕が責任者（イン・チャージ）と言ったよ」というお墨付きがあれば、娘も、じゃあ今日は弟の言う通りにしなきゃいけないということで納得します。チャージ権を決めることで、きょうだいの間での勢力争いを取り除けると思うんです。学校でも先生が同じやり方で子どもたちを整列させますよね。「じゃあ、今日はフランク、あなたが先頭よ」と言えば、そこから順番に並べます。でも先生がなにも言わなければ、だれもが先頭になれるわけですから、大騒ぎになっていつまでも一列になれません。子どもたちというのは、だれでも自分が先頭になれると知っていますから、一番前になろうとするのは当然です。そこでだれかが秩序を作ってあげる

ことが必要なのです。

　子どもたちはだれでも一番になれる可能性を秘めた存在であり、社会がそのようなメッセージを送り続けることによって、勉強であれスポーツであれ、ナンバーワンを目指して努力させるべきだという価値観は、基本的に競争を是とする点でアングロサクソン的です。しかし、きょうだいや学級という小集団のなかでこの原理に忠実に子どもを教育しようとすると、子どもたちのぶつかり合いが熾烈になり、特にきょうだいの場合は親にもストレスがかかります。そこでは冷静な判断力を持った大人による適切な調整が必要なのです。

　家庭のなかでのいさかいを交通事故に喩えるならば、事故が大きくならないように予防する方法として、必要な秩序を親があらかじめ決めて守らせるのがローラにみられるカナダ流のやり方です。これに対し日本流は、国の法律で定めた交通ルールをみんなで守るのが前提だけれども、だれだって事故を起こすことはあるのだし、すべての関係者に相応の言い分があるのだから、事故が起きた時点で最善の対処をしましょうということになります。日本流は、悪く言えば場当たり的ですが、柔軟な考え方ができるのが親（大人）だと考えられているのかもしれません。

第5節　年下の面倒をみるちから——「一緒／我慢する」と「ホーム／テイキング・リスポンシビリティ／ディーリング・ウィズ・プロブレムズ」

　人間が年若いもの、あるいは老いたもの、力弱きものである仲間を支え、助けるのは、当たり前の行動でしょうか。このような性質を心理学などでは「養護性」と名付けていますが、それが生まれつきのもの（本能の発露）であるのか、環境によって社会化されたものであるのか（学習の結果）であるのかについての結論は、いまだに出ていません。特に人間の子育て行動については、それが本能なのか、学習の結果なのかは、ジェンダーの問題に直結し、政治的な議論にもなりかねませんので、ここでは置いておきましょう。

ただ、きょうだいや仲間同士で積極的に世話をしたり、守り合ったりする性質は、人間以外では限られた種類の哺乳類にしか見られないようです。サルなどが仲間同士で毛づくろいをするのも一種の世話行動ですが、これは序列と深い関係があり、社会的グルーミングと呼ばれて養護性とは区別されています。

人間らしさの証ともいえそうな「養護性」の発達において、きょうだい関係の社会化はどのように役に立っているのでしょうか。養護や援助、配慮を必要とする相手をケアする行為に関連が深いのは、日本側では「一緒」と「我慢する」です。カナダ側では「ホーム」、「テイキング・リスポンシビリティ」そして「ディーリング・ウィズ・プロブレムズ」の3つのテーマにみられました。

「一緒」については、きょうだいを慰めたり励ましたりするように親が子どもに促すという社会化行動が見られました。また、煩悩に取り憑かれて周りが見えなくなってしまっているきょうだいのためにわがままを我慢させようとすることも、養護性を育てることにつながります。煩悩にとらわれているということは、すなわちその子どもの修行が足りず未熟であることを意味しますから、そのような相手に慈悲をもって接することがすなわちケアの実践なのです。

これに対しカナダ側では、きょうだいの面倒を見るように促し、それについて一定の責任を持たせることで達成感を味わわせようとする傾向がみられました。具体的なケアの内容は、子どもの能力の範囲で、間違いなく安全にできると親が判断したものに限られ、最終的な責任は親にあります（ホーム）。さらに、「ディーリング・ウィズ・プロブレムズ」では、自分の考えや感じ方を冷静に相手に伝え、ケンカを建設的に解決する方法を教えることは、相手を感情的に傷つけてしまうリスクを小さくすることができるという点で、ケアに当てはまります。

文化の違いは、性別の違うきょうだいを育てている親たち、特に第1子が女の子で、第2子が男の子、という組み合わせを持つ親たちの言葉に見ることができました。この組み合わせの子どもを持った日本の親たちは、娘たちが弟に対して「我慢」をしすぎることについて心配する傾向が強く見られま

第4章 まとめ

した。長女である子どもたちは、自己主張が下手であって、また親の期待に応えようとするあまり、弟のお世話についての責任を引き受けすぎているのではないかということです。同じジェンダーの組み合わせで、カナダ側のデータを見てみると、差がはっきりと表れます。カナダの親たちは、他者をケアする能力は、女の子には自然に備わっているものであって、むしろ彼女たちの得意分野で成功体験を多く積ませてあげることは、自己効力感を高め、前向きに自信を持って生きていく助けになるというのです。

　性別の組み合わせごとに日本とカナダで比較をするのは魅力的なテーマで、「姉と弟」、「兄と妹」の２つの組み合わせに限定して研究をしたいとスーザン先生に相談したこともありました。しかし、結果的には４つすべての組み合わせを扱うことになり、１つの組み合わせについては最大で５家族ずつという限られたサンプル数しか扱えていません。ですから、やや偏った結果が出たという事は十分にあり得ることです。しかし、娘に我慢をさせすぎているのではないかという親たちの不安は、親自身もひとりの人間で間違いもすれば弱みも持つ、という前提から出発している日本の親たちの一般的な傾向に通じています。これに対して、カナダの親たちは育児全般に関して、親は自分の能力に自信を持って子育てにあたるべきだという前提から出発しています。第一子である娘に、どのような内容で、どのくらいの頻度でお世話係を任せればいいのかという決断を下すことも、その一環なのです。

　ここで書いておきたいのは、日本の親たちに自信が欠けているとか、カナダの親たちのほうがしっかりしているとか、そういう単純な結論でこの分析で終わらせたくないということです。この研究はあくまで質的なものであって、「親として自信がある」、「親として自信がない」、のどちらかに○印をつけてもらうような量的な方法をとっていません。文化心理学的な見方でデータを読み解けば、日本の親たちは必ずしも、「自信がないから不安」だと感じているとは言い切れません。おそらく私たちが日本側のデータから読み取るべきなのは、「不安を感じるのが人間として当然であるから、結果的に自分の親としての行動に完全には自信が持てないのであり、そのなかで最善を尽くしていくまでだ」という考え方ではないかと思っています。第２章で日本文化の哲学的な背景として、無常観をあげました。次の瞬間に何が起きる

第5節　年下の面倒をみるちから
――「一緒／我慢する」と「ホーム／テイキング・リスポンシビリティ／ディーリング・ウィズ・プロブレムズ」

かわからないのに、子どもを育てるという責任ある役割に対して不安を感じるなというほうが無理だという考え方はもっともではないでしょうか。

そしてもちろん、日本の親たちが娘の心境に配慮するあまり、常に不安にかられているというわけでもありません。里江子さんは、姉である娘（7歳）が、弟（4歳）のためにと我慢させられ、お姉ちゃんが弟を世話するという不公平な関係が固定されてしまうことを心配しながらも、それは一時的なものであって、大人になれば、弟に親切にしてもらえることも必ずあるというメッセージを発信していました。里江子さん自身も長女で、弟さんがいらっしゃるそうです。「いつかはきっと、弟が助けてくれる」という希望を娘と共有することには、自分自身を励まし、慰める効果もあったのかもしれません。

> よく言うのが、今は亜希子のほうが体も大きいし、なんでもできる、できるけれど、そのうち裕文のほうが強くなって、そして亜希子が助けてもらうときが絶対にくるって言うんですね。なんでも一緒にできるようになっても、裕文のほうが自分よりできることもきっとあるはずだ、と。そんなときにね、助けてもらえるよ、きっと、って言うんです。お互いに助けたり、助けられたりするようにきっとなるんだよ、って。今はあーちゃんがやってあげてることのほうが多いかもしれないけど、きっとひろくんが大きくなったら、ひろくんがあーちゃんをその分助けてくれるよって。納得いかない説明かもしれないですけど（笑）。

ここまで、きょうだい関係をどのように社会化しているかということについて、日本とカナダのインタビューの結果を比較検討してきました。子どもたちを安全で快適な空間のなかで、できるだけ平等に育てることは日本とカナダで共通の課題であり、互いに助け合い、困難を克服しながら、一生涯きょうだいとしてつながり続けてほしいという願いが、両国のデータから明らかになったようです。

ふたつの文化圏の違いを説明する上では、カナダにあって、日本にはなかった「ヒア／ゼア」というテーマもポイントになります。第3章では、カー

リングの比喩を参照しながら、「ヒア」とは親の力が最大限に発揮される場所であり、「ゼア」は親の手の届かない子どもたちの領分と定義しました。なぜ「ヒア」と「ゼア」に対応するような日本のテーマが出てこなかったのか、そのことを最後に考えてみたいと思います。

　カーリングのシチュエーションを思い出してみましょう。親である投手が投げたストーン（＝子どもたち）が「ヒア」から「ゼア」に到達するには、一定の時間が必要です。つまり「ヒア」と「ゼア」は、時間の観念が含まれたテーマであり、時間とともに子どもたちが成長し、親と子どもの関係もそれぞれの年齢に見合ったものに変化していくという意味あいも持った言葉です。第1章で、西洋的発想の特徴として、因果関係という考え方があると述べました。時間を追うごとに個体が成熟・成長といった変化や進歩を遂げるという発展志向の考え方も、同じく西洋的あるいは北米的だと考えられます。ハリウッド映画では、主人公が困難を乗り越えて成長し、あるいは愛し合うカップルが障害を克服して、めでたしめでたしとなるわかりやすいハッピーエンドが主流です。ヨーロッパなどには時間の流れをあえて一定にしないように、複雑に編集された映画が少なくありませんが、ハリウッド映画はわかりやすさが身上なので、時間の流れ方もほぼ一定です。不確定要素が小さく、「ヒア」から「ゼア」がまっすぐ見通せる構造になっているといえます。

　一方日本の親たちは、「子どもたちが大きくなったら」といった表現で、将来のことを想像したり、希望を述べたりということはありましたが、「時間の経過」という要素がテーマとして結実するまでには至りませんでした。このことは見方を変えれば、家族としてのつながりに「時間は関係ない」と親たちが考えている、またはそう考えたいと思っているからではないでしょうか。日本人の親たちにしてみれば、きょうだいも親子も「ずっと一緒」に、つまり弱さを持つ人間としてほどよい距離で補強しあって生きていくはずであり、同じ土地に住み、あるいは同じ姓を名乗って「ずっと同じ」で生きていくものなのです。このような世界観においては、「ヒア」と「ゼア」の区別が必要ないのも当然です。

　ハリウッド映画に対して、「フーテンの寅さん」とその物語を思い出して

第5節　年下の面倒をみるちから
― 「一緒／我慢する」と「ホーム／テイキング・リスポンシビリティ／ディーリング・ウィズ・プロブレムズ」

みると、時間を超越したきょうだいや家族のつながりのイメージがわきやすいかもしれません。遠い旅の空の下にいて離れているときでも、きょうだいはずっと「一緒」であり、車寅次郎が帰ってゆくお団子屋は「くるまや」であり、ふるさとである葛飾柴又は昔から変わらぬたたずまいを持ち続けています。それが日本人にとってのひとつの理想の世界であり、家族やきょうだいの「あるべき」姿だったからこそ、『男はつらいよ』シリーズは1969年の第1作から1995年の第48作までかくも長く、深く愛されたのではないでしょうか。

「寅さん」の物語は、時間の経過を進歩や成長に結びつけてしまいがちな、いわゆる西洋科学の考え方から私たちを解き放ってくれます。妹のさくら（異母妹）は、葛飾柴又のお団子屋さん「くるまや」で、親代わりのおいちゃん（叔父）、おばちゃん（叔母）夫婦と共に、兄の寅次郎が旅から戻るのを我慢強く待っています。寅さんは何度でも風のように帰ってきて、風のように出て行きますから、彼の行動はだれにもコントロールできません。「こんどこそ落ち着いてくれるのでは」と願うさくらをがっかりさせ、出世も金儲けもできないまま、実らぬ恋を繰り返すばかり。いつまでたっても、さくらを喜ばせるような「偉い兄貴」にはなれないと寅さん自身が嘆いている通りです。

「寅さん」は時間の経過が意味を持たない、つまり永遠のやんちゃ坊主のように、成長しない人間として描かれているともいえるでしょう。けれど、さくらも、おいちゃんおばちゃん、そして御前様（住職）も、すべて承知のうえで、彼をそのまま受け入れ、ゆるし、愛しています。それは、経済的に成長し続け、発展し続けるという夢がいつか覚めることに気づいていた人々が未来への希望を見いだせる、癒しのストーリーだったのかもしれません。

蛇足を怖れずに言えば、相手を無条件で受け入れるという考え方は、今日の心理カウンセリングの基礎になったカール・ロジャースの「クライアントに対する無条件の肯定的関心」に共通するものであり、新約聖書が説くところの「愛」であり、ガンジーの「非暴力主義」にも見ることができます。『男はつらいよ』はきょうだいと家族を結ぶ普遍的な愛の物語であるなどと言ったら、寅さんには「冗談言っちゃあ、いけねえや」と一笑に付されそう

ですが、寅さん一家の物語は世代を超えて、これからもずっと語りつがれ、愛され続けるに違いないと私は思います。

おわりに

　どの分野の学術論文でも、最後に「考察」が置かれます。その研究の限界を、筆者自らが明らかにする文章です。この点とこの点は、本研究では明らかにすることができませんでした、といった具合に並べていき、次の研究での課題を明らかにして筆を置くというのが定石です。

　日本とカナダの比較を通じて、親によるきょうだいの社会化過程を質的に調査したこの研究の最大の難点は、この研究がきょうだいや家族に関する今後の研究発展にどう貢献できるのか、具体的に示し難いことではないかと思います。親業をテーマとしていながら、明日の子育てに役立つようなアドバイスやヒントが提供ができたという自信もありません。私自身としては念願かなって、きょうだい関係についての研究をすることができたけれど、自己満足的に終わってしまったのではないかと危ぶんでいますし、不安にも思っています。研究とは、そもそも積み重ねられることで発展し、科学的な真理に近づくことを目的とする社会的な営みであるべきだからです。

　しかし、そうとはいいながらも、詳細なインタビューをデータとして、その分析からオリジナリティーの高いミニセオリーを導き出す質的研究の面白さをコンパクトに示す、ひとつのサンプルづくりはできたように思います。また心理学の既成概念を脱却して、ダイナミックに新しい地平を切り開きつつある文化心理学の可能性をきょうだい関係というテーマのもとに描き出すことも、ある程度は達成できたのではないかとも考えています。

　その上で感じているのは、私がこの研究をすることで成し遂げたかったことは、もっと別のところにあったのではないかということです。研究とは、科学的真理へ到達する手だてとなるべきだと書きました。しかし、いわゆる科学的真理が、唯一の真理とは限りません。もっと踏み込んで言えば、真理や真実を発見するのは、学者や研究者の特権ではないはずです。ポストモダ

ニズム論では、真理が複数存在するというのが新しい常識になっています。メーテルリンクの青い鳥のように、真実や真理は、意外に身近なところにひそんでいるかもしれないのです。

　ですから、この研究が、きょうだい関係をめぐる学術的な研究の発展には貢献できなかったとしても、もしこの本を読んで下さったあなたが大切にしているプロジェクトについて新しい発想が浮かんだり、勇気がわいてきたり、面白いと思えることがいくつか増えたりして、みなさんひとりひとりの「意図的世界」が豊かに広がるとしたら、筆者として申し分なく幸せです。町のなかで、子どもたちに話しかけているお父さんやお母さんの言葉に耳をそばだてたり、なにげない会話のなかから友だちや家族の意図的世界を探ってみたり、外国語映画や海外の小説、あるいは日本の古典作品に挑戦してみてください。読者のみなさんがご自身の日々の生活をさらに意味あるものにするという大切な営みに、この本が少し貢献できることを願って、ここで擱筆といたします。

あとがき

　この本を書いた最大の理由は、研究に協力してくださった78人の親御さんたち――40人の日本人と38人のカナダ人――の声を、子どもを産み、育てている多くのお父さんお母さんたちへ届けたかったということです。研究協力者の皆さんは、自分の経験がお役に立つなら、と貴重な時間を割いてインタビューに応じてくださいました。インタビューの内容は、研究データという形で活かさせていただき、無事に学位論文を仕上げて2004年にはゲルフ大学大学院で博士号を取得することができました。けれども78人の「声」は、学位論文のためだけに使ってしまうのはあまりにも惜しいものでしたので、論文という堅苦しい形式ではなく、子育てのかたわらにも置いていただけるような読みやすい本としてまとめられればとずっと望んでいました。もし今、「子どもはひとりでいいかな、ひとりじゃさびしいから2人かな？」と考えておられる方には、この本を読んで、「やっぱりきょうだいを育ててみたい！」と感じていただければとても嬉しく思います。

　ほんの数世代前、きょうだいだけでスポーツのチームが作れるほど子どもの数が多かったころは、押し合いへしあいしながら育つうちに、きょうだいとしての結びつきや絆はいつの間にか育まれるものだったかもしれません。しかし少子高齢化や核家族化が進み、ふたりきょうだいが半数以上を占めるようになった現在では、少ない数の子どもをより丁寧に育てる傾向が強まっています。いわゆる晩婚化にともなって子どもを持つ年齢が上昇し、子どもが成人したころ親が高齢期にさしかかる家族も増えています。このようななかで、子どもたちに「きょうだい」としてどうあってほしいかという親の理想や意図は、顕在化されやすくなったといえるでしょう。

　少子高齢化が進み、1人の女性が生涯に出産する子どもの数を表す合計特殊出生率が1.39（平成23年厚生労働省調査）と聞くと、ひとりっ子家庭が増えたかのように思いがちです。しかし、これは子どもを持たないカップルが

あとがき

増えたための平均値で、2010年の国立社会保障・人口問題研究所の調査によれば、一世帯あたりの子どもの数は、2人が56.2％と最も多く、次に3人（19.4％）、ひとりっ子は15.9％の第3位で、半数を超える夫婦が2人の子どもを産む傾向は1977年以降、ほとんど変わっていません。78人の方々が私たちの研究に協力する意義を感じてくださったのは、きょうだいという人間関係を育み、結びつきを創りだすという、親の大切なはたらきが認められているからでしょう。日本という世界の一地域で子どもの数が減少しているとしても、きょうだいという人間関係の社会化について考えることの重要性はいささかも変わらないはずです。

「末筆となりましたが…」という決まり文句は、英語で「the last but not the least」というようです。「最後に置かれてはいても、著者の私にとって、ある意味で最も大切なメッセージは…」とでも意訳しましょうか。ものごとに順番をつけるということは、適度に社会化され、あっちにもこっちにも面目を保ちたがる「いい歳をしたオトナ」にはなかなか難しいものですが、私を娘として育ててくれた両親への感謝の言葉を、まず最初に記したいと思います。父・胡口靖夫はこの本の出版を物心ともに援助してくれました。父の提案がなければ、博士論文を本にして出版するということは、夢にも考えられないことでした。心から感謝しています。母・小貫紘子は原稿を丁寧に読み、読書家の母ならではのアドバイスをしてくれました。私たち自身にとっても、周囲の人々にとっても、一筋縄ではいかない家族だったかもしれませんが、お騒がせファミリーの一員としての歴史はかけがえのないものであり、その時々を懸命に生きたことで今日という日を迎えられたと心から信じられます。明日からも、この調子で私らしく歩いていきますので、どうか見守っていてください。

今日の私をつくってくださった恩師・恩人はあまりに多く、すべての方にここで感謝の言葉をお伝えすることはとうていできませんが、国際基督教大学（ICU）時代のアドバイザーだったジョン・C・マーハ先生、筑波大学大学院教育研究科でご指導下さった早坂菊子先生、Susan P. Lollis 先生をはじめとするゲルフ大学の教授陣と職員のみなさん、そして現在の職場である高崎健康福祉大学の諸先生方には、さまざまな形で大変お世話になりました。

柏木惠子先生（東京女子大学名誉教授）には、研究の岐路に立ったとき何度もお手紙を書かせていただきましたが、いつも早々にご丁寧なお返事を下さり、私に必要な言葉をかけて下さいましたこと、心から感謝しております。「ぐんま教育文化フォーラム」の代表である瀧口典子先生は、フォーラムのニュースレターに「エイムズ唯子の心理学の周辺」というコラムを設けて下さいました。私にとっては、不特定多数の読者にあてて文章を綴るという武者修行の貴重な場となりました。「心理学の周辺」の執筆を経験しなければ、この本はずっと違った雰囲気になっていたと思います。瀧口先生とともに、原稿の下読みや校正のチェックをして下さった下田由佳さんと長谷川陽子さんにも大変お世話になりました。

　友人にも恵まれました。中学校のテニス部で、一番下手な私と喜んでダブルスを組んでくれた矢吹奈巳さんからは「譲って一緒」を教わりましたし、誕生日が6日違いの栗原佐和さんとは思春期の嵐の中を並んで駆け抜けました。陣内美香さんは、上手に「我慢する」ことのかっこよさをさりげなく教えてくれる女性です。これからも私のよき同級生でいてください。ICUで出会った友人である村上雄治さん・民さんご夫妻は、ふたりの年子の息子さんたちの成長を折々にシェアしてくれ、私が日本から離れている間も、日本の親子の姿を身近に見せてくれました。おふたりとのフレンドシップは、かけがえのない宝物です。筑波の大先輩で、アメリカへの留学を決断させてくれた臨床心理士の石川泰さんには、表紙の素敵なネコ絵を描いていただきました。ふたつ返事で引き受けてくださり、とっても嬉しかったです。カナダの大学院での仲間たち、なかでも Cathy, Geoff, Maureen, Mirna, Sugumi and Toni, I would like to thank each one of you for being such an awesome friend!

　奨学金や研究助成を与えて下さったカナダ政府とドロシー・ブリトン記念財団、松下国際財団、そしてインタビューをさせてくださった78人のインフォーマントのみなさんには、いま改めてご理解とご支援に感謝しています。同時代社の高井隆さんには、はじめての本づくりを忍耐づよく教えていただきました。なんとか最後まで目標を失わずに書き続けられたのは、高井さんのおかげです。夫のクリスは、文化人類学者として原稿をチェックして

あとがき

くれたほか、日々の食事づくり(和食、アメリカの家庭料理、フレンチ、イタリアン、アジアンテイスト、インド風、メキシコ風まで自由自在)、バカンスの手配に至るまで、大きな大きな力になってくれました。そして弟の原、私がまがりなりにも姉でいられるのは、あなたのおかげです。これまでありがとう。これからも「いろいろ」あると思います。どうぞよろしくね。

　そして本当に最後になりましたが、ここまでおつきあいくださった読者のみなさんには、ありったけのまごころをこめて御礼申し上げます。ありがとうございました。

2014年6月　父の日に

参考文献（引用・参照順）

第1章 「きょうだいを育てる」ということ

紫式部／アーサー・ウェイリー［英語訳］／佐復秀樹［日本語訳］（2009）『ウェイリー版源氏物語3』平凡社ライブラリー
石井クンツ昌子（2013）『「育メン」現象の社会学：育児・子育て参加への希望を叶えるために』ミネルヴァ書房
Whiting, J. W. M. (1941). Becoming a Kwoma: Teaching and learning in a New Guinea tribe. New Haven: Yale University Press.
Kolenda, P. (1993). Sibling relations and marriage practices: A comparison of North, Central, and South India. In C.W. Nuckolls (Ed.), Sibling in South Asia: Brothers and sisters in cultural context. New York, NY: The Guilford Press.
Smith, D. R. (1981). Palauan siblingship: A study in structural complementarity. In M. Marshall (Ed.). Siblingship in Oceania: Studies in the meaning of kin relations. Ann Arbor, MI: The University of Michigan Press.
Radcliff-Brown, A. R. (1924). The mother's brother in South Africa. South African Journal of Science. No l. XXI
Hofstede, G. (1980). Culture's Consequences: International differences in work-related values. Beverly Hills, CA: Sage Publication.
Lollis, S., Ross, H., & Leroux, L. (1996). An observational study of parents' socialization of moral orientation during sibling conflicts. Merrill-Palmer Quarterly, 42,4, 475-494.
Lollis, S., Van Engen, G., Burns, L., Nowack, K., & Ross, H. (1999). Sibling socialization of moral orientation: "Share with me!" "No, it's mine!". Journal of Moral Education, 28,3,339-357.
Shweder, R. A., & LeVine, R. A. (1984). Culture Theory: Essays on mind, self, and emotion. Cambridge, U.K.: Cambridge University Press.
柏木惠子・北山忍・東洋（編）（1997）『文化心理学――理論と実証』東京大学出版会
Marcus, H. R., & Kitayama, S. (1991). Culture and the self: Implications for cognition, emotion, and motivation. Psychological Review, 98,2,224-253.
マイケル・コール／天野清［訳］（2002）『文化心理学――発達・認知・活動への文化――歴史的アプローチ』新曜社
柏木惠子・東洋（1977）「日米の母親における幼児への発達期待及び就学前教育観」教育心理学研究、25,4 242-253.
Shweder, R. A. (1990). Cultural psychology - what is it? In J. W. Stigler, R. A. Shweder, & G.

Herdt (Eds.) Cultural Psychology: Essays on comparative human development. (pp.1-43). Cambridge, MA: Cambridge University Press.

Pike, K. L. (1967). Language in Relation to a Unified Theory of the Structure of Human Behavior. The Hague: Mouton.

小川洋子（2013）『原稿零枚日記』集英社文庫

Daly, K. (2007). Qualitative Methods for Family Studies and Human Development. Sage Publications.

Kuczynski, L., Lollis, S., & Koguchi, Y. (2003). Reconstructing common sense: Metaphors of bidirectionality in parent-child relations. In Kuczynski (Ed.), Handbook of Dynamics in Parent-Child Relations. (pp.421-437). Thousand Oaks, CA: Sage Publications.

第2章　親によるきょうだいの社会化―日本の場合

北原保雄［編］（2010）『明鏡国語辞典』大修館

新村出［編］（2008）『広辞苑』第6版　岩波書店

小林信明［編］（2003）『新選漢和辞典』第7版　小学館

Caudill, W. & Plath, D. (1966). Who sleeps by whom: Parent-child involvement in urban Japanese families. Psychiatry 29,344-366.

篠田有子（2004）『家族の構造と心――就寝形態論』世織書房

鴨長明／浅見和彦［現代語訳］（2012）『方丈記　原文＆現代語訳シリーズ』笠間書院

松尾芭蕉／ドロシー・ブリトン（1974）『和英併記　奥の細道――芭蕉の世界を名訳でたのしむ（A Haiku Journey: Narrow road to a far province）』講談社

L・コールバーグ／岩佐信道［訳］（1987）『道徳性の発達と道徳教育』麗澤大学出版社

Gilligan, C. (1982/1993). In a Different Voice: Psychological theory and women's development. Cambridge, MA: Harvard University Press.

松村明［編］（2006）『大辞林』三省堂

土居健朗（1971/2007）『甘えの構造』弘文堂

土居健朗（1985）『表と裏』弘文堂

仏教伝道協会（2008）『和英対照仏教聖典』平成20年版

松村明・山口明穂・和田利政［編］（2005）『国語辞典』第10版　旺文社

Nathan, J. H. (2000). Disorders of interdependence in Japan. Psychologia: An International Journal of Psychology in the Orient, 43,3,176-187.

第3章　親によるきょうだいの社会化―カナダの場合

岸上伸啓（2007）『カナダ・イヌイットの食文化と社会変化』世界思想社
飯野正子（1997）『日系カナダ人の歴史』東京大学出版会
Kogawa J.（1993）Obasan. Anchor
クリス・コロンバス［監督］（1990年公開）「ホームアローン」20世紀フォックス
Weisner, T.W. & Gallimore, R.（1977）. My brother's keeper: Child and sibling caretaking. Current Anthropology, 18,169-190.
Zukow, P.G.（1989）. Sibling Interaction Across Cultures: Theoretical and methodological issues. New York, NY: Springer-Verlag.

第4章　まとめ―日本とカナダの「きょうだいの育て方（社会化）」を比較する

瀧川政次郎（1985）『日本法制史』（上・下）講談社学術文庫
山田洋次［原作・監督］（1969 – 1995）「男はつらいよ」松竹株式会社
ブライアン・ソーン（2003）『カール・ロジャーズ』コスモス・ライブラリー
マハトマ・ガンジー／蝋山芳郎［訳］（1983）『ガンジー自伝』中央公論新社

索 引

あ

愛情　17, 117, 124, 128, 157
あきらめ　73, 80, 122, 129
甘え　33, 60, 71, 184
アンビバレンス（両価性）　118, 164

い

イエ（家）　163-164
一貫性　53, 69, 167
一体感　40, 42, 129, 136, 153, 162
遺伝的情報　56
いとこ婚　21
意図的　26, 29, 46, 77, 101, 107, 139, 152, 177
意図的世界　26, 29, 152, 177
イヌイット　96-98, 185
意味づけ　46, 59, 80
移民　96-97, 100, 126, 159-160
因果関係　24-25, 35, 173

う

氏　160, 163

え

エンパワーメント　136

お

お小遣い　124-125
オバマケア　160
お風呂　45-46, 84-85, 119, 153-154, 161
親業（ペアレンティング）　10, 27, 33-34, 176
おやつ　10, 61, 63-64, 66, 89, 108, 110-111

恩　49, 64, 66-68

か

カーリング　104,-106, 108, 128, 173
快適さ　10, 115-117, 152, 154, 157, 167
カオス　147, 166
格差社会　160
価値観　9, 23, 27, 54, 68, 75, 129, 132, 163, 167-169
葛藤　126, 164, 166
可哀想　44, 73, 76-77, 79, 87, 91, 148
関係性　10-12, 15, 21, 26-27, 33, 35, 81-82, 109, 112, 129
慣習・習慣　21, 45, 47, 54, 80, 84, 118-119, 154, 163

き

記憶　41, 42, 44, 100, 153
危険性　32, 49, 118
絆　21, 179
絹・シルク　43, 54
規範　10
虐待　51, 118, 120
客観性　142
ギリガン　61
キリスト教　9, 25, 126
近接性（身体的な近さ）　40-41, 47, 118

く

グラウンデッド・セオリー・アプローチ　29-32

け

ケア　61, 136, 138, 143, 170, 171
血縁　42, 102, 128-129, 132, 161, 163
ケンカ　7, 9, 10, 11, 28, 48, 53, 58-62, 65-66, 68-70, 81, 92, 111, 114, 126, 141-142, 146, 148-150, 157-158, 165-167, 170
ケンカ両成敗　65, 68, 157

こ

コールバーグ　61, 184
互恵性　28, 67
心細さ　47, 153, 167
戸籍　160
孤独　30, 42
コミュニケーション　11, 19, 57, 59, 132, 141, 146

さ

罪悪感　126-127
サットン＝スミス　135

し

自我　58, 60, 77, 86
叱る　18, 24, 40, 41, 48-49, 51, 61, 64-65, 71, 75, 101, 116, 146, 153, 157, 162, 165-167
自己効力感　171
自己中心性　77
自信　15, 93, 101, 104, 108-109, 117, 136, 149, 153, 158, 171
質的研究　30, 32, 176
島国気質　156
社会化　9, 11, 15, 23, 26, 29, 37-40, 42, 45, 48-49, 57-64, 66-67, 69-70, 72-75, 77, 79-84, 87-91, 95-96, 101-102, 110, 113-114, 116, 123, 125, 126, 128-130, 132, 134-136, 138-139, 141-147, 149, 151-152, 154, 157-159, 161-163, 165, 167, 169-170, 172, 176, 180
集団主義　23
主観性　69
出生順位　11, 15, 45, 73, 161, 163
食事　11, 18, 62-64, 84, 126, 133, 182
信念　9, 23, 39, 51, 69, 114, 129

せ

性格　11, 15, 27, 64, 93, 127
成功体験　93, 171
性差　58
世界観　24-26, 53, 173
責任　9, 15, 28, 49, 53, 64-65, 75, 85, 103, 110, 114, 117, 119, 121, 128, 134-137, 139, 157, 168, 170-172
先祖　42

そ

相互依存　23
相互交渉　18
双方向性　34-35

た

対人スキル　70, 140
多民族国家（多民族社会）　96, 99, 159

ち

チャンネル争い　158

つ

つながり　12, 32, 40, 42, 44, 58, 102, 107, 114, 120, 128, 130, 132-133, 155, 161, 172-174
強さ　54, 56, 82, 109, 145, 154-155

て

伝統　21, 27, 34, 42, 67, 97, 163-164

と

土居健朗　71, 184
等価性　39
同化政策　160
同質性　39, 160-162
道徳性　61, 184

な

名づけ　54

に

日系カナダ人　97-100, 185

ね

寝る　44, 45, 47, 84, 117-118, 144

の

能力　39, 45, 54, 60, 72, 74-75, 81, 86, 89, 104, 116, 136-137, 140, 170-171

は

パーソナルスペース　153
パイオニアスピリット　156
白人文化中心主義（エスノセントリズム）　135
裸　119-120, 153, 161

発達心理学　19-20, 22, 51, 135
ハリウッド映画　173
半構造化面接　10, 93

ひ

ピアジェ　77
否定的感情　145, 147
比喩　35-36, 43, 54-56, 84, 100, 104, 106, 108, 119, 124, 136, 142, 156, 167, 173
平等性　157-158, 161
開き直り　52, 167
貧困　157

ふ

父系社会　163
不公平感　83, 87, 89
仏教　67-68, 80, 184
布団　44, 47, 118-119
普遍主義　24
フロイト　86
文化間比較心理学（cross-cultural psychology）　22
文化心理学（cultural psychology）　10, 23-27, 55, 100, 171, 176, 183
文化人類学　20-24, 28, 35, 135, 181
文化相対主義　24
紛争解決　59, 72, 148, 164

へ

ベイトソン　35
ベストフレンド　103, 112
勉強　18, 22, 42, 44, 81, 169
偏見　17

189

索 引

ほ

ボーヴォワール　10
ホームルーム　113, 115
母乳　17
ホピ族　25-26, 96
本音と建前　71
本能　86, 136, 169
煩悩　80-81, 170

ま

マイノリティ　157

み

見返り　66-67
民主主義　123

む

無常観　53, 172

や

役割　10, 15, 21, 32, 43, 69, 83, 92, 102, 105, 108, 111, 121-124, 137, 149, 163-164, 166, 172

よ

養護性　28-29, 169-170
欲望　39, 60, 68, 80-82, 91, 141, 165
弱さ・弱み　12, 40-41, 43-45, 50-51, 57, 155-156, 162, 171, 173

ら

ライバル　130

ラドクリフ・ブラウン　21

ろ

ロジャース　174

わ

わがまま　9, 61, 65, 68, 76, 82-88, 91, 109, 170
割り切り　127, 129, 143

著者略歴
エイムズ 唯子（えいむず・ゆいこ）

1969年8月生まれ。子どものころの愛読書は『若草物語』、『大草原の小さな家』、『十五少年漂流記』、『やかまし村の子どもたち』、『ツバメ号とアマゾン号』シリーズなどの「きょうだいもの」と『暮しの手帖』のバックナンバー。桐朋女子中・高等学校で「こころの健康　からだの健康」を育まれる。国際基督教大学を、バブルが弾ける寸前の1992年に卒業。筑波大学教育研究科を1年で退学し、渡米。ミシガン州立大学教育研究科を卒業後、短いイギリス生活を経て、ゲルフ大学大学院の家族関係および応用栄養学専攻科（カナダオンタリオ州）へ入学。2004年に本書のもととなる論文："Parental Socialization of Siblinghood in Two Cultures: A study of Japanese and Euro-Canadian families with young children"で博士号取得。2006年より、高崎健康福祉大学にて教職。

きょうだいの育て方　日本流・カナダ流
―― 文化心理学で読み解く親業

2014年7月1日　　初版第1刷発行

著　者	エイムズ 唯子	
制　作	閏月社	
発行者	高井 隆	
発行所	同時代社	
	〒101-0065　東京都千代田区西神田2-7-6	
	電話 03(3261)3149　FAX 03(3261)3237	
印　刷	モリモト印刷(株)	

ISBN978-4-88683-763-9